Moon Notes

Für Omi – und all die anderen starken und
mutigen Frauen in meinem Leben.
Ich bin ein Teil von euch.
Ihr seid ein so großer Teil von mir.

LINA
MALLON

30
women

Von Girlpower, starken Frauen,
schwachen Momenten und
der Reise zu dir selbst

MOON NOTES

ClimatePartner.com/53248-2011-1002

Dieses Buch wurde klimaneutral produziert. Dadurch fördern wir anerkannte
Nachhaltigkeitsprojekte auf der ganzen Welt. Erfahre mehr über die Projekte,
die wir unterstützen, und begleite uns auf unserem Weg unter www.oetinger.de

Originalausgabe
3. Auflage
© 2022 Moon Notes im Verlag Friedrich Oetinger GmbH,
Max-Brauer-Allee 34, 22765 Hamburg
Alle Rechte vorbehalten
© Text: Lina Mallon
© Einbandgestaltung: ZERO Werbeagentur, München
unter Verwendung von shutterstock.com: © Angelina Bambina (Frauen,
Hände) und © Mexrix (Hintergrundfond)
Satz: Sabine Conrad, Bad Nauheim
Druck und Bindung: GGP Media GmbH,
Karl-Marx-Straße 24, 07381 Pößneck, Deutschland
Printed 2022
ISBN: 978-3-96976-012-3

www.moon-notes.de

Prolog

»Was macht uns glücklich?«, frage ich in die virtuelle Runde.

Mehr als 200 Frauen antworten mir.

Und die Antwort, die bei fast allen entweder offen getippt oder doch eher zwischen den Zeilen durchscheint – ist Liebe.

Und dabei vor allem die Liebe, die wir für andere – oder aber, die andere für uns – fühlen. Die wir dann gemeinsam füreinander haben oder teilen können. Von einem anderen Menschen geliebt zu werden, von jenem, den auch wir genau so zurücklieben können, ist für so viele Frauen noch immer das allerschönste und vielleicht auch das größte Ziel.

Es geht noch immer ... um den Einen.

Ja, vielleicht auch hin und wieder um den einen Job oder den einen Traum, aber doch meistens – den einen Mann.

Und während ich mich durch die Antworten blättere, wird mir bewusst, dass wir offenbar noch immer die Illusion beschützen, dass irgendwann der Eine, der richtige Mann, uns und unser Leben in die Hand nehmen und vollkommen verändern würde, sodass alles um uns herum nicht nur endlich Sinn, sondern uns auch glücklich macht.

Aber was, wenn ich daran nicht glaube?

Was, wenn es nicht der eine Mann ist, der uns am Ende zu der Frau macht, die wir eigentlich immer sein wollten, was, wenn all die Frauen um uns herum über all die Jahre hinweg die viel größere Inspiration sind, die uns zu der Einen werden lassen, die uns selbst glücklich macht?

Ich erzähle in diesem Buch von 30 Frauen, die mein Leben beeinflusst haben.

Ich beginne bei einer, die nie nur Prinzessin sein wollte, die mein erstes Vorbild wurde, als ich gerade einmal fünf Jahre alt war. Ich treffe jene, die mir Chancen gaben, andere, mit denen ich falsche Wege einschlug, und ich finde – am Ende vielleicht sogar *die Eine*, die mich glücklich machen wird.

Nämlich die, die ich sein, zu der ich werden will.

#1

Die, die nie nur
Prinzessin sein wollte

Ein Schloss, ein Sonnenuntergang, sprechende Tiere mit schlauen oder waghalsigen Ratschlägen, ein Abenteuer, mal Tränen, auf jeden Fall ein Happy End, definitiv mit Hochzeit.

Es ist der Stoff, aus dem die Märchen und Disney-Verfilmungen gemacht sind, die wir wieder und wieder anschauen, in denen wir mitfiebern, mitsingen, mitleben, die einen Film lang, wieder und wieder, unsere ganze Welt sind.

Es sind die Geschichten unserer jüngsten Vorbilder, es sind die Frauen, die wir unbedingt werden wollen, wenn wir fünf Jahre alt sind – Schneewittchen, Rapunzel, Cinderella, Elsa …

Aber was wäre, wenn wir sie heute wiedertreffen könnten, wenn wir ihnen zehn oder fünfzehn Jahre später ein paar Fragen zu ihren Geschichten stellen würden? Wenn wir Arielle zu einem Spaziergang oder Dornröschen auf einen Kaffee treffen und tatsächlich noch mal darüber reden könnten, ob der Typ, der dich ungefragt küsst, während du ohnmächtig bist, wirklich der Eine ist?

Schneewittchen
✧ Okay, du bist also von zu Hause abgehauen, weil deine Stiefmutter dich umbringen wollte – und dann zu sieben Frem-

den in ein Haus gezogen bzw. du bist eingebrochen, hast das Haus besetzt und dann im Streit schnell angeboten, als Wiedergutmachung den Haushalt zu schmeißen. Du wurdest fast von einer Kette erwürgt, von einem Kamm fast vergiftet und hast nach diesen zwei Anschlägen auf dich trotzdem noch einen Apfel von einer weiteren Fremden angenommen, der dich schließlich dann doch noch ins Grab bzw. den gläsernen Sarg gebracht hat?

✧ *Schneewittchen: ... äh ...*

✧ Girl, wir müssen irgendwie mal ganz offen über Grenzen und Vertrauen sprechen ...

Cinderella

✧ Du hast also einen Typen auf einer Party getroffen, ein paarmal mit ihm getanzt und – jetzt bist du überzeugt, dass er die Liebe deines Lebens ist? Ich meine, habt ihr euch überhaupt mal unterhalten oder so? Euch mal bei Tageslicht getroffen? Weißt du irgendwas über ihn? Oder geht es hier darum, dass er ein Schloss besitzt ...?

✧ *Cinderella: ... aber ihm geht es genau so! Er fragt gerade überall nach meiner Nummer und sucht nach mir – das ist schon romantisch!*

✧ Okay, sicher, vielleicht trefft ihr euch einfach noch mal, und du erzählst ihm ein bisschen mehr von dir, deinen Namen zum Beispiel?

Jasmin

✧ Der Typ belügt dich also die ganze Zeit darüber, wer er wirklich ist – und du willst ihn trotzdem heiraten?

✧ *Jasmin: Ich habe mich schon in ihn verliebt, als ich wusste, wer er wirklich war. Und ich habe mich weiter in ihn verliebt, als der Dschinn ihn dann zu einem Prinzen gemacht hat. Ich meine,*

*das war ja rein technisch keine Lüge. Er WAR ja ein Prinz. Und
ich hab mich ein drittes Mal in ihn verliebt, nachdem das ganze
Chaos geklärt war …*

✧ Hmmm, klingt tatsächlich so, als hätte er sich am Ende offen und verletzlich gezeigt … Und ich meine, er hat euer
gesamtes Königreich und deinen Vater gerettet – aber trotzdem, nur weil dir ein Mann irgendwann die Wahrheit sagt
und in der Lage ist, seine Gefühle zu zeigen oder offen über
seine Schwächen zu reden, ist er nicht gleich etwas ganz Besonderes und anders als alle anderen. Das sollte doch eigentlich selbstverständlich sein, wenn man einander vertraut.
Sozusagen das *Mindeste*. Ist es ja unter Freundinnen auch?

Rapunzel

✧ Du wurdest achtzehn Jahre in einem Turm eingesperrt?
Okay, wow, ich hab schon den Lockdown 1–8 kaum über-
standen …

✧ *Rapunzel: Ich hab einfach wirklich viele DIY-Projekte angefangen, mich mit Makramee und Punch Needling beschäftigt und
meine Wandbilder dann online verkauft.*

Arielle

✧ Du hast also deine ganze Welt verlassen und alles an dir geändert, nur damit du zu ihm passt?

✧ *Arielle: Okay, warte 'nen Moment. Ich war schon fasziniert von
den Menschen, bevor ich Erik getroffen habe. Ich wollte nicht für
ihn zum Menschen werden, sondern für mich selbst. Ich meine,
ich habe in einem Versteck all die Dinge gesammelt, die mich an
den Menschen faszinieren, ich habe jeden Tag nach dieser neuen
Welt und einem Abenteuer gesucht, ich habe mich meinen Ängs-
ten gestellt, und ich habe meinem Vater offen gesagt, wie ich fühle
und was ich wirklich will …*

Zugegeben, die Sache mit der Meerhexe Ursula hätte ich durch-
schauen können, aber ganz ehrlich? Ich glaube gar nicht, dass sie
im Grunde so böse sein wollte, auf mich wirkte sie eher einsam.

◇ Ich verstehe, und du hast recht. Du hast deine eigene Entscheidung getroffen, du bist die eine von all jenen Märchen-
prinzessinnen, die nie nur Prinzessin sein, sondern ihren
eigenen Weg finden wollte …

Ich gebe es zu – ich wollte immer Arielle sein. Über Jahre hing
ein riesiges Poster von ihr in meinem Kinderzimmer. Während
meine Freundinnen von Cinderella fasziniert waren oder Dornröschen liebten (auch so eine Sache: Du bist ohnmächtig, irgendein Typ küsst dich und löst damit einen ziemlich düsteren
Familienfluch auf, nett von ihm und so, aber dafür musst du ihn
heiraten? Was?), wollte ich wie Arielle sein. Alles, außer einfach nur Prinzessin. Ich wollte ihren Mut, ich wollte ihre loya-
len Freunde (ich hatte ihre roten, langen Haare), ich wollte ihr
Abenteuer, ich wollte mich genauso Hals über Kopf verlieben,
und ich wollte genau wie sie später mal ganz allein entscheiden,
wer ich sein möchte. Wo ich leben möchte.

Arielle liebte ihre Familie, sie liebte die Unterwasserwelt, es
ging nie darum, einfach abzuhauen, aber sie wusste genau, dass
sie eigentlich woanders hingehörte, sie spürte es, und sie traute
sich, nach diesem neuen, unbekannten Ort zu suchen.
    Ich wusste damals, als ich im Pool schwimmend »Under The
Sea« gesungen habe, noch nicht, wo ich mal hingehören würde,
dass ich irgendwann tatsächlich aufbrechen, reisen und schließlich auf einem anderen Kontinent leben würde – aber ich wusste
immer, dass ich es kaum erwarten konnte, danach zu suchen,
nach dem Unbekannten, nach all dem, was ich noch nicht gesehen hatte, aber noch kennenlernen wollte …

#2

Die, von der ich Stärke lernte

Ich nehme die letzten zwei Stufen mit einem Schritt, knalle den Rucksack auf den Stuhl, der gleich links neben der offenen Tür steht. Ich muss nicht mal hinsehen, die Bewegung funktioniert automatisch, Muskelgedächtnis nennt man das. Es gibt Tage, da landet er ungeachtet auf dem Kissen, ich frage dann zuerst, was es zu essen gibt, verziehe das Gesicht, falls es Linseneintopf ist (oder noch schlimmer: Gulasch), oder reagiere strahlend, wenn Pasta auf dem Speiseplan steht. Während ich den Parmesan über der Tomatensoße verteile und den ersten Bissen auf meiner Gabel aufrolle und mir in den Mund schiebe, ist mir die Welt egal. Nichts macht so glücklich wie Spaghetti all'arrabbiata, nachdem du dich durch die letzten zwei Stunden Mathe gequält hast.

Heute schmeiße ich meine Sachen fast schon von mir, zwei Bücher rutschen aus der Innentasche und fallen polternd zu Boden, ich stehe daneben und weiß nicht, was ich mit dem Rest von mir machen soll.

»*Na, Kind, wie war dein Tag?*«, fragt sie mit ruhiger, beschwingter Stimme, auf die ich anspringe wie ein Schießhund, der sonst kein Ziel hat. »*Wie er war? Ätzend …*«

Und wie ätzend er wirklich war, erzähle ich dann zwanzig Minuten lang in einem ausführlichen Monolog, führe aus, was mich so wütend macht, steigere mich in meine Emotionen hinein und finde in meiner Oma eine geduldige Zuhörerin. Es ist meine Art, den Stress loszulassen, mit Frustration umzugehen, ausgelöst durch Streit mit Freunden, mit meinen Eltern oder einfach mit Lehrern. Ich werfe mit Worten um mich, bis sie mir ausgehen – und meine Oma hört zu, nickt manchmal, zuckt manchmal mit den Schultern.

Häufig machte mich genau das nur noch wütender. Ich fand es stoisch, ich unterstellte ihr mangelnde Anteilnahme an den kleinen oder großen Themen, die mich gerade beschäftigten. Heute weiß ich, dass sie einfach nur das Kissen war, in das ich brüllte, das ich brauchte, wenn mir die Welt für einen Moment zu viel war, wenn ich sie nicht verstand, wenn sie mich nicht verstand.

Meine Oma dämpfte einfach die Wut oder den Knall für den Moment, in dem alles zu groß war, und füllte mir ganz nebenbei mein Mittagessen auf. »*Na, na – das wird schon wieder*«, sagte sie dann und fragte im gleichen Atemzug, ob ich noch mehr Soße haben wollte.

Natürlich wurde es wieder, aber das willst du nicht hören, wenn du gerade mittendrin steckst, wenn du dich ungerecht behandelt oder von einem Streit verunsichert fühlst, wenn du dich in eine Ecke gedrängt fühlst, wenn du hilflos bist – oder aufgebracht, weil du das Gefühl hast, dich nicht wehren zu können, wenn sich alles groß und schwer oder einfach nur überfordernd oder ermüdend anfühlt.

Da »werden« die Dinge nicht irgendwann wieder – sie sind. Deine Emotionen flüstern dir nicht zu, dass sie dich jetzt kurz aufwühlen und dann in fünf Minuten schon wieder viel leichter sind. Nein, in diesem Moment nehmen sie dich ein. Und zwar vollkommen.

Sicher, mit der Zeit lernen wir, unsere Gefühle nicht mehr einfach nur ausbrechen zu lassen, sondern begegnen ihnen mit

Achtsamkeit; wir lernen, dass wir uns mit ihnen manchmal im Moment verlieren, dass wir nicht klar sehen können, wenn wir so viel fühlen, dass jede einzelne Zelle vibriert. Aber um ehrlich zu sein: Das passiert nicht nur, wenn du zwölf bist, sondern auch noch mit 24.

Was früher das Mittagessen mit meiner Oma war, sind heute Voice Notes an meine Freundinnen. Wenn ich aus der U-Bahn steige, nehme ich nicht selten den längeren Weg nach Hause, gehe lieber noch ein bisschen entlang der Eimsbütteler Häuserfassaden spazieren und erzähle von meinem Tag, von Gefühlen, von mir. In diesen Sprachnachrichten bin ich zu hundert Prozent ich selbst: Alle Emotionen, die guten, die aufgewühlten, manchmal auch die negativen, haben hier Platz, werden nicht bewertet, nur ausgesprochen. Das hier ist ein sicherer, virtueller Ort, an dem ich für zehn Minuten auch all die Gefühle zulassen, rauslassen kann, die vielleicht morgen schon nicht mehr wichtig sind – aber eben genau in diesem Moment.

Und genau das ist manchmal alles, was ich brauche, um mit Situationen umzugehen, die in fünf Jahren bestimmt nicht mehr wichtig sind, aber eben jetzt gerade. Ich habe von meiner Oma gelernt, dass es okay ist, emotional zu sein, dass es besser ist, über Emotionen zu sprechen, sie herauszulassen, loszulassen, ehrlich zu sich selbst zu sein, als Ballast anzusammeln.

Es ist okay, manchmal mit Worten um sich zu werfen (und dabei trotzdem aufzupassen, dass sie niemanden absichtlich treffen), bis sie weniger schwer wiegen, bis wir uns wieder leichter fühlen oder die negative Energie aufgebraucht ist, damit wir wieder klar sehen, zu uns selbst finden, durchatmen können. Auch um dann, wenn sich die Gefühle gelegt haben, mal selbst dieser Ort für einen anderen Menschen, für die eigenen Freunde zu sein. Anderen zuhören, sich selbst aus dem Mittelpunkt

nehmen, einfach da sein und manchmal schon allein damit –
Mut machen.

Überhaupt ist Mut etwas, das meiner Oma auch heute, mit
82 Jahren, noch immer wichtig ist. Obwohl sie zum Beispiel kein
Englisch spricht, reist sie noch immer gern, steigt ins Flugzeug
oder in den Bus und sieht sich die Welt an: »Wenn ich etwas
nicht verstehe oder mich verlaufe, dann frage ich andere nach
Hilfe. Du findest immer jemanden, der Bescheid weiß, wenn du
nur offen auf die Menschen zugehst. So einfach ist das.«

Einfach – meine Oma versteht es schon seit jeher, die Dinge, die andere kompliziert diskutieren, zu entwirren, auf einen
simplen Punkt zu bringen. Das fängt bei der Frage nach dem
richtigen Kofferband an und hört bei Themen wie Gleichberechtigung oder Feminismus noch lange nicht auf.

Ich erinnere mich noch genau daran, ich war vielleicht acht
Jahre alt, wie ich an einem Nachmittag im Sommer allein auf
einer Bank vor unserem Haus saß. Ich hatte die Knie an meinen
Oberkörper gezogen und starrte auf meine Schuhspitzen, mein
Fahrrad lag achtlos neben mir, meine Freunde, mit denen ich in
dieselbe Grundschule ging, waren gerade losgezogen, mich hatten sie absichtlich hier zurückgelassen. Zehn Minuten wartete
ich, dass sie ihre Meinung änderten, dann schob ich das Rad
zurück auf den Hof.

»Wolltest du dich nicht mit Fabi und Tobias treffen?«, fragt
meine Oma.

»Nee«, sage ich, schüttle den Kopf und versuche, nicht zu
weinen. Es klappt nicht. Als ich gerade: »Heute darf ich nicht
mit«, sagen will, versagt meine Stimme, der Kloß im Hals wird
zu groß.

»Und warum nicht?«

»Weil sie heute ein Baumhaus bauen wollen. Und ich ein Mädchen bin.«

Ich verschränke wütend die Arme und wische mir die Tränen aus dem Gesicht.

»Na hör mal, du hast denen doch hoffentlich gesagt, dass Mädchen genauso Baumhäuser bauen können – und dürfen!«

Ich zucke mit den Schultern, bis eben ist mir der Gedanke noch gar nicht gekommen.

»Hier.« Meine Oma greift nach meinen Händen. »Du hast zwei starke Arme, du hast zwei schnelle Beine, du hast einen klugen Kopf, was braucht man noch, um ein Baumhaus zu bauen, was Jungs haben – aber Mädchen nicht?«

Mir fällt nichts ein.

»Ganz genau! Jetzt setzt du dich aufs Fahrrad und fährst den Jungs hinterher. Alles, was Jungs dürfen, dürfen Mädchen auch. Punkt.«

»Fabi sagt, Mädchen haben keine Kraft, sind nur im Weg und können eh keine großen Äste anheben.«

»Dann trägst du eben kleinere, oder ihr tragt den Ast zu zweit. Niemand ist im Weg, wenn man als Team arbeitet.«

»Ich kann aber auch nicht so gut klettern wie die anderen«, gebe ich zu und schaue meine Oma unsicher an.

»Na, dann lernst du es. Dann fragst du Tobias, ob er es dir zeigen kann, und machst es einfach genau so nach.«

Ich kann darauf nur noch »Okay« antworten, setze mich aufs Fahrrad, halte den Jungs genau die gleiche Ansprache, die ich gerade gehört habe, und als wir zu dritt um sechs Uhr abends wieder zurück an der weißen Bank ankommen, steht das Baumhaus fast.

»Morgen wieder hier, ja?«, fragt Tobias, und ich nicke, bevor ich unser Hoftor aufziehe. »Sorry übrigens wegen heute Morgen. Das war echt mutig, dass du trotzdem noch gekommen bist und so.«

Auf einmal war es ganz einfach.

Das ist noch heute so. Auch jetzt, während ich schon lange nicht mehr Fahrrad fahre und keine Baumhäuser mehr baue, sondern über die Kontinente reise und dort nach meinen Träumen greife, rufe ich meine Oma an, wenn die Dinge wieder *einfach* sein sollen, wenn ich jemanden brauche, der aus hundert Fragen nur eine einzige macht oder auf »Ich kann das nicht …« immer zuverlässig mit »›Kann ich nicht‹ gibt es nicht. Es gibt nur ›Kann ich *noch* nicht‹« antwortet.

Für meine Oma gibt es drei Dinge, die eine Frau braucht, um selbstständig zu sein um sich gleichberechtigt zu fühlen. Drei Dinge, die wir uns selbst erarbeiten können und für die wir Verantwortung übernehmen müssen: ein guter Schulabschluss, ein Führerschein, eine sichere Verhütung.

»Du musst für dich selbst denken und selbst entscheiden können, immer. Wer du sein willst, wo du sein willst und ob du bleiben willst. Du entscheidest, welchen Beruf du ergreifst, wohin du reist oder wann du eine Familie gründen willst. Du allein! Das heißt aber nicht, dass du immer gleich alles allein können oder wissen oder schaffen musst. Du musst nur wissen, wo oder wen du fragen kannst.«

Es ist das Mantra, mit dem ich durch mein eigenes Leben gehe. Das sich eingeprägt hat. Es gibt nichts, wovor du Angst haben musst, solange du die Dinge, die du selbst kontrollieren kannst, in die Hand nimmst. Es gibt nichts, was du nicht kannst, nur weil du eine Frau bist. Und alles das, was dir gerade noch unerreichbar scheint, kannst du erreichen, wenn du nur einen Schritt vor den anderen setzt, wenn du dazulernst, während du deinen Weg gehst.

#3

Die, mit der ich eine Bank und meine Geheimnisse teilte

Es war ein Montag, als Sarah meine Sitznachbarin wurde. In den ersten zwei Stunden hatten wir Sportunterricht gehabt. Völkerball, genauer gesagt: Neunzig Minuten liefen neun Mädchen kreischend vor acht Jungen davon, zwei bis drei weitere Mädchen gaben ihr Bestes, den Rest der fliehenden Gruppe auf dem Spielfeld zu verteidigen. Wenn sie abgeworfen waren, gab es für den fliehenden Rest keine Verteidigung mehr. Wer es nicht in den Schutz der Gruppe schaffte oder eine Außenposition erwischte, wurde abgeworfen, eine nach der anderen. Die Idee, uns breit auf dem Spielfeld zu verteilen, hatten wir trotz der Zurufe des Sportlehrers nie beherzt umgesetzt (»Verteilt euch, ihr seid doch keine Herde Zebras!«) – viel zu gefährlich, vollkommen allein von Gordon Schröder abgeworfen zu werden, der noch dazu Spaß dabei empfand, den Ball auf nackte Waden oder Oberarme zu prellen! Grundschule in einer deutschen Kleinstadt ist auch nicht so anders als das Leben im südafrikanischen Busch.

Ich hasste den Sportunterricht, ich hasste die immer gleichen Ballspiele, ich hasste den Gruppensport, der bei uns in der Klasse nur bedeutete, dass die immer gleichen schnellen Läuferinnen sich gegenseitig wählten und dann den Rest von uns zähneknirschend aufteilten. Wenn man dann auch noch das Unglück hatte, ein Tor nicht gemacht oder verteidigt zu haben, war man für den Rest des Tages der Verlierer, auch in allen weiteren Stunden. Gruppenstärkung, Bonding? Gab es nur für Gewinner.

In der Grundschule waren die erfolgreichen Ballsportler die coolste Gruppe, die *bad boys*: Auf dem Gymnasium waren sie die Ersten, die sich in der Raucherecke trafen, sie waren laut, sie waren fies, sie waren nicht selten überheblich, weil sie in irgendwelchen Regionalligen ihr Mobbing zum Hobby gemacht hatten und jetzt neben der Schule eine Karriere im Fuß- oder Handball anstrebten, und vielleicht waren sie genau deshalb bei allen, zu denen sie nicht fies waren, wahnsinnig beliebt.

Mit allen anderen, die keine sportlichen Erfolge vorweisen konnten und eher in Fächern wie Englisch, Deutsch oder Biologie gute Noten erzielten, sprachen sie lediglich, wenn es darum ging, Hausaufgaben abzuschreiben. Natürlich ist das eine heftige Verallgemeinerung, natürlich ist das Problem nicht der Sport oder generell jeder Junge, der Energie in ihn steckt, sondern der Druck der Gruppe, die Dynamik, die sich auf dem Schulhof verfestigt, die oberflächliche Arroganz von unsicheren Jungs, die oftmals von noch unsichereren Vätern erzogen werden und deren einzige Ausdrucksmittel viele Jahre lang Erfolg am Ball und lautes Lachen auf Kosten anderer sind. Wer zu nah an ihre Schwächen herankommt, sie vielleicht sogar darauf anspricht, wird zur Zielscheibe. Ich war das mehr als ein Mal.

Aber zurück zur neuen Sitzordnung. Unsere Lehrerin Frau Schultz hatte genug vom Lärm ihrer Klasse, der ihr schon um 09:30 Uhr, am ersten von fünf Schultagen der Woche, entgegenschlug. Sie beschloss, Ruhe in die wimmelnde Gruppe zu bringen, indem sie beste Freundinnen und eingeschworene Cliquen weit auseinandersetzte und nebenbei die fleißigen, stillen Persönlichkeiten mit den eher lauten Rüpeln kombinierte. Zum einen, um neue Verbündete zu schaffen, zum anderen in der Hoffnung, dass ein Schüler, der gern und aufmerksam lernte, seine Sitznachbarin inspirieren konnte.

Ich landete neben Sarah. Ein ziemlich gutes Los. Mit Sarah hatte ich seit dem Kindergarten jeden ihrer Geburtstage gefeiert und sie auch sonst schon öfter getroffen, wenn unsere befreundeten Mütter sich zum Kaffee verabredeten.

Sarah war still, ich war es ganz und gar nicht (zugegeben, vielleicht der Grund, warum Frau Schultz mich neben sie setzte, offenbar sollte auch ich Inspiration finden), aber ich fühlte mich immer wohl in ihrer Nähe. Wenn Sarah ihre Schüchternheit überwunden hatte, war sie nicht nur schlau, sondern auch witzig und schlagfertig. In den ersten zwei Stunden grinsten wir uns nur ab und zu an, ab der zweiten Mittagspause waren wir beste Freundinnen. Und für eine Weile passte kein Blatt zwischen uns. Ich wollte vor der Schule am liebsten schon besonders früh im Klassenraum sein, um noch eine halbe Stunde mit Sarah zu quatschen, die immer als Erste an unserer Bank saß, weil sie schon früh von ihrer Mutter auf dem Weg zur Arbeit abgesetzt wurde, ich begann, mir die gleichen Bücher wie sie zu wünschen (Harry Potter, logisch) und die gleichen Bands zu hören. Als ich ein Freundebuch geschenkt bekam, war sie die Erste, die ich darin eintragen ließ. Neben Sarah blühte ich auf, auch weil ich mich von anderen Freundschaften entfernte, in denen ich eher die Rolle eines *Minions* einnahm.

Während Belinda die Queen B unserer Klasse war, hatte ich zu ihrem engsten Gefolge gehört. Das bedeutete: Ich buhlte ständig mit zwei anderen Mädels um ihre Aufmerksamkeit.

Gute Tage waren die, an denen sie mich für den Nachmittag zu sich einlud (ihre Eltern hatten einen Pool im Garten, Jackpot!) – dann fühlte ich mich wertvoll und genoss es, Belinda und ihre Freundschaft für mich zu haben; schlechte Tage waren die, an denen Sanni, meine schärfste Konkurrentin, ausgewählt und ich von Belinda für unbestimmte Zeit ignoriert wurde, bis sie sich irgendwann, immer aus dem Nichts, doch wieder für mich interessierte. Ich hatte sie gern, ich wollte unbedingt ihre Freundin sein, also nahm ich es hin und versuchte – drei Schuljahre lang –, ihr die beste Freundin zu sein, die sie sich wünschen könnte.

Verrückt eigentlich, wie Konkurrenz unter Frauen oftmals schon in der Schulzeit angelegt wird. Während Belinda es genoss, im Mittelpunkt zu stehen (und Belindas Mutter es genoss, dass Belinda im Mittelpunkt stand), waren mindestens zwei, manchmal drei Freundinnen dazu bestimmt, diesen Mittelpunkt zu beleuchten und zu schmücken. Und damit wir nicht irgendwann den Ansporn verloren, wurden wir regelmäßig entweder belohnt oder bestraft, und wir wussten nie wirklich, wofür genau. Wir wussten nur: Es war lediglich für eine beste Freundin neben Belinda Platz. Und noch heute glauben viele Frauen, sie wären darauf programmiert worden (und irgendwie fühlt es sich ja auch so an), dass an der Spitze einer Firma, eines Jobs, wenn es irgendwie um Erfolg geht, nur Platz für eine von uns ist.

Mean Girls funktionierte nicht nur mit Lindsay Lohan in Illinois (großartiger Film, falls ihr ihn wirklich noch nie gesehen habt), sondern auch schon im Jahr 2001 in Langenapel, auf einem Dorf mit 212 Einwohnern.

Jetzt, wo ich die meiste Zeit mit Sarah und ihren Freundinnen verbrachte, begann Belinda eine immer kleinere Rolle zu spielen, und immer öfter vergaß ich es, mich in der großen Pause mit an ihren Tisch zu setzen. Neben Sarah konnte ich ich selbst sein, hatte auf einmal keine Angst mehr, das Falsche zu sagen oder zu tun. Ich fühlte mich nicht länger wie ein Anhängsel, sondern wie eine gleichwertige Freundin, und ich kostete es aus, nicht nur am Rand zu stehen, sondern den Mittelpunkt ebenfalls für mich zu beanspruchen. Auf einmal war ich diejenige, zu deren Tisch alle anderen in den Pausen pilgerten, ich gab den Ton an, ich war diejenige, der alle zuhörten, wenn ich von meinem Wochenende erzählte. Ich fühlte mich endlich gesehen, wahrgenommen, ich war aus Belindas Schatten herausgetreten und auf einmal beliebt. Und ich genoss es. So sehr, dass ich gar nicht mehr wahrnahm, wie sehr sich die Freundschaft zwischen Sarah und mir zu verändern begann. Sarah wurde stiller, wartete morgens nicht mehr an der Tür zum Klassenraum auf mich, und außerhalb der Schule hatten wir uns schon ein paar Wochen lang nicht mehr verabredet. Aber da wir den ganzen Tag nebeneinander saßen und sie im Unterricht und in Gruppenarbeiten somit meine gesetzte Partnerin war, fiel es mir nicht auf: Für mich waren wir wie Schwestern, unzertrennlich und durch unsere gemeinsame Bank miteinander verbunden. Dass Sarah neben mir saß, dass ich mich auf sie verlassen konnte, dass sie für mich da war und mich gernhatte, war für mich vollkommen selbstverständlich.

»Lina, komm doch einmal zu mir«, sagte Frau Schultz an einem Nachmittag, als ich gerade dabei war, meine Tasche zu packen. Ich hatte getrödelt und war eine der Letzten im Klassenraum. »Was hältst du davon, wenn du ab morgen neben Jennifer sitzt?« Ich starrte meine Lehrerin geschockt an. Neben Jenny? Warum neben Jenny? Es schien nur eine Erklärung zu geben: »Aber Sarah und ich quatschen gar nicht laut im Unterricht!«, verteidigte ich uns. »Nun, darum geht es auch gar nicht.« »Ich möchte neben Sarah sitzen bleiben, unbedingt!«

Frau Schultz sah mich vorsichtig an. »Sarah möchte aber nicht mehr neben dir sitzen. Das hat sie mir heute Mittag gesagt.«

Ich weiß noch genau, wie schnell mein Herz klopfte, als ich zur Bushaltestelle rannte. In zehn Minuten fuhr ihr Bus, meiner in fünf – wenn ich noch mit ihr sprechen wollte, musste ich schnell sein.

»Warum hast du Frau Schultz gesagt, dass du nicht mehr neben mir sitzen willst?« Ich zog sie am Ärmel zur Seite, außer Atem, aufgebracht. Was war in der Mittagspause und der letzten Stunde passiert, dass sie auf einmal nicht mehr meine Freundin sein wollte? Und warum rannte sie damit zu unserer Lehrerin?

Sarah entzog mir ihren Arm und drehte sich weg. Sie hasste Konfrontation, ich suchte sie.

»Weil ich eben nicht mehr neben dir sitzen möchte.«

»Warum das denn?«

»Weil du gemein bist.«

Erst jetzt sah sie mir in die Augen: »Weil du fiese Dinge zu mir sagst, weil du dich vor den anderen über mich lustig machst und weil du mich für die Hausaufgaben ausnutzt. Und das machen Freundinnen nicht.«

Ich antwortete ihr nicht, ich schämte mich zu sehr. Ich rannte weg, stieg in meinen Bus, brach auf dem Nachhauseweg in Tränen aus und verkroch mich in meinem Zimmer. Ich wusste, dass Sarah recht hatte. Ich schrieb beinahe täglich ihre Hausaufgaben ab, sie war die Ordentliche in unserer Freundschaft, mir machte die Schule Spaß, aber an den Nachmittagen hatte ich kein Interesse daran, fleißig war ich nur, wenn es wirklich darauf ankam. Aber da war noch etwas Schlimmeres: Ich hatte Sarah, ohne es zu wollen, zu meinem *Minion* gemacht.

Ich musste nicht lange darüber nachdenken, ich wusste genau, was sie meinte – denn so, wie ich Sarah behandelte, hatte auch Belinda mich behandelt. Wenn ich einen Witz machen wollte (und mein bissiger Humor war schon im Alter von zwölf Jahren etwas, wofür ich gefeiert wurde), war sie mein Opfer, es war für mich selbstverständlich, dass sie meine gemeinen Kommentare nicht ernst nehmen würde, sie war immerhin meine beste Freundin. Es war ja klar, dass ich es nicht *wirklich* so meinte.

Ich begriff, dass ich nicht so viel anders war als die Völkerball-Gang: Ich zielte auf Sarah, damit die anderen mich abklatschen und mit mir feiern würden.

Erst wenn die Pause vorbei und das Publikum gegangen war, schätzte ich sie wieder, wenn wir zu zweit an einem Arbeitsblatt saßen, zuerst abgaben und die volle Punktzahl erzielten. Sie machte den Job für unsere Freundschaft, ich genoss ihren Wert. Ich hatte mich so sehr daran gewöhnt, das Beste aus beiden Welten zu haben, dass mir nicht bewusst gewesen war, wie unfair ich meine beste Freundin behandelt hatte. Und erst jetzt verstand ich, was mir mehr bedeutete, was ich viel mehr vermissen würde. Ich war gerade erst zwölf Jahre alt, aber ich verstand, dass ich meine eigenen Werte, das, was mir wirklich wichtig war, vollkommen aus den Augen verloren hatte.

Am nächsten Morgen bin ich die Erste in unserem Klassenraum. Als Sarah durch die Tür kommt, springe ich auf, fange sie ab, bevor sie sich überhaupt auf einen neuen Platz setzen kann. Ich drücke ihr einen Brief in die Hand. Es ist der erste, den ich überhaupt je geschrieben habe. »Für Sarah«, steht vorne drauf.

Auf vier Seiten liniertem Papier habe ich aufgeschrieben, wie leid es mir tut, wie viel mir an unserer Freundschaft liegt und wie sehr sie mir fehlen würde, wenn sie wirklich nicht mehr meine Freundin wäre.

Während sie den Brief liest, trete ich nervös von einem Bein aufs andere. Und in mir steigt ein Gefühl auf, das mir vollkommen fremd und neu ist.

Es ist Angst. Nicht die Angst, nicht genug dazuzugehören, oder die Angst, unbeliebt zu sein, sondern die Angst, jemanden zu verlieren, der mir wichtig ist.

Als sie fertig gelesen hat, nickt sie: »Okay, ich bleibe neben dir sitzen. Aber nur, wenn du mich nie wieder so behandelst.«

Wir sitzen noch fünf weitere Jahre nebeneinander. Erst als wir in der Oberstufe des Gymnasiums, das wir beide besuchen, in verschiedene Kurse eingeteilt werden, trennen sich unsere Plätze. Meine beste Freundin bleibt sie trotzdem noch lange. Sarah ist bis zum Abi der Mensch, der jedes meiner Geheimnisse und mich am besten kennt, sie ist diejenige, der ich alles erzähle, mit der ich meine erste, eigene Reise ins Ausland unternehme, gemeinsam unsere Eltern belüge (Notlügen, um mit 16 durch die Clubs ziehen zu können) und das erste Mal betrunken bin. Noch heute, zehn Jahre später, kann ich ihre Telefonnummer auswendig, und jedes Jahr am 3. Mai, ihrem Geburtstag, denke ich an sie. Sarah ist diejenige, die mich immer wieder daran erinnert hat, was es bedeutet, eine Freundin zu sein, fair zueinander zu sein.

Als wir älter werden, sich unsere Interessen verschieben, gehen unsere Wege langsam auseinander, und nach dem Abi beginnen wir, uns aus den Augen zu verlieren.

Sarah studiert in Kiel, findet dort schnell neue Freunde – ich hingegen weiß lange nicht richtig, wo ich hingehöre, und suche an vielen Orten nach meinem Platz. Und es wird eine Weile dauern, bis ich es herausfinde …

#4

Die, die mir das Schreiben beibrachte

»Und? Fällt euch in diesem Abschnitt etwas auf?« Frau Micheel steht vor einer stummen Klasse. Sie wartet einen Moment, hofft auf eine Regung von uns – und wird enttäuscht. »Niemand?« Mit einem Textmarker unterstreicht sie ein paar Stellen in den einzelnen Zeilen, fordert uns mit neongelber Farbe auf, genauer hinzuschauen.

»Stefan?«, fragt sie auffordernd in die letzte Reihe.

Es ist ein Freitagnachmittag im Juli, es ist warm, es ist die letzte Stunde, und vor uns auf der Kopie eines Gedichts von Theodor Fontane, das sie uns zu Beginn der Stunde ausgeteilt hat, geht es um Hexen und Brücken und Unglücke.

Schweres Atmen. »Also, er schreibt halt, dass der Zug abstürzt.«

Frau Micheels Gesicht verfinstert sich. »Und das ist alles? Alles, was du im Text herausfinden kannst?«

Stefan zuckt mit den Schultern und vergräbt seine Hände in den Hosentaschen. »Joa, schon.«

Sie lässt den Blick schweifen, wartet darauf, dass wir uns beteiligen, wirklich am Unterricht teilnehmen, aber selbst ich muss zugeben, dass diese Ballade ermüdend ist. Erst letzte Woche quälten wir uns durch »John Maynard« und seine brennende Schwalbe auf dem Eriesee, dann starb ein Säugling im Arm seines Vaters an starkem Fieber – und jetzt stürzte schon wieder irgendein Zug von irgendeiner Brücke in Schottland. Generell deprimierend.

Trotzdem fühlte ich mich schuldig, und außerdem begann die Stille mich nervös zu machen. Dass eine ganze Klasse schwieg, war selten. Dass dann auch noch die Lehrerin schwieg, war nie ein gutes Zeichen.

Ich hatte in einer der Zeilen ein Enjambement, also einen Zeilensprung, festgestellt. Das passierte in Gedichten immer dann, wenn der Lyriker zwei Zeilen miteinander verbinden wollte, das sorgte dann für Tempo im Sprachfluss. Wenn man so ein Ding erkannte, gab das Punkte in Tests, und jetzt würde es hoffentlich die Stimmung meiner Lehrerin zumindest so weit anheben, dass sie uns nicht mit einer kompletten Gedichtanalyse als Hausaufgabe ins Wochenende schicken würde.

Ich hob die Hand.

»Ja? Lina?«

»Also, in Zeile 51 und 55 fällt mir jeweils ein Enjambement auf.«

»Sehr gut – und was schließt du daraus?«

»Dass das Tempo im Sprachfluss nicht unterbrochen, sondern in die nächste Zeile mitgenommen werden sollte.«

Ha! Genau so hatten wir es vor ein paar Stunden aufgeschrieben, und genau so gab ich es gerade wieder – fehlerfrei.

»Ja, das ist die Intention hinter einem Enjambement. Aber was schließt du hier daraus, in genau diesem Absatz? An genau diesen Stellen?«

Mist.

Auf der Norderseite, das Brückenhaus –
alle Fenster sehen nach Süden aus,
und die Brücknersleut' ohne Rast und Ruh

und in Bangen sehen nach Süden zu;
denn wütender wurde der Winde Spiel,
und jetzt, als ob Feuer vom Himmel fiel,
erglüht es in niederschießender Pracht
überm Wasser unten … Und wieder ist Nacht.

Ich starre die Zeilen an, bin ratlos. Aber irgendwas muss ich sagen.

»Ich weiß nicht, irgendwie springt der Absatz einfach so hin und her, mit seinem Tempo und seinen Worten. Also mal ein Komma, mal ein Enjambement, mal ein Apostroph oder sogar ein Gedankenstrich, das sind ganz schöne viele verschiedene Satzzeichen für so einen Abschnitt.«

Frau Micheel sieht mich erstaunt an. Sie faltet die Hände auf der Tischplatte zusammen. *Noch mal Mist, das war offensichtlich falsch.*

»Also, ich meine, irgendwie holpert das so, wenn man es liest, es fließt nicht.«

Ich sehe unsicher nach oben. Frau Micheel nickt.

»Weiter … was noch?«

Als ich zögere, angestrengt das Papier anstarre, damit mir nur irgendetwas in diesem zerstückelten Text auffallen würde, meldet sich Laura, die ein paar Stuhlreihen hinter mir sitzt, zu Wort.

»Das Tempo ruckelt genau so wie der Zug auf der Brücke, der dort gegen den Sturm kämpft! Und als die Gefahr größer wird, wird auch das Tempo schneller … – kann das sein?«

»JA!« Frau Micheel klatscht in die Hände. »Weiter, was noch? Schaut auf die Zeichen, auf den Buchstaben i.«

»Den Buchstaben i?«

»Ja! Meint ihr denn, ein Dichter wie Theodor Fontane sitzt an seinem Schreibtisch und sucht sich einfach so, aus Langeweile, Formulierungen wie ›Winde Spiel‹, ›fiel‹ oder ›nieder-schießend‹ aus? Das macht man doch nicht umsonst! Da steckt doch noch viel mehr drin als nur die Bedeutung des Wortes! Der wollte doch nicht nur, dass sich das reimt, der wollte Ge-fahr ausdrücken! Jedes einzelne kleine i in diesen Zeilen ist wie ein zusätzliches Ausrufezeichen! Sprache – das ist seine Kunst-form, sein Ausdruck, die einzelnen Buchstaben sind die Pinsel-striche, die alles zusammen ergeben!«

Frau Micheel liest die Textstelle noch einmal vor. Laut und kraftvoll betont sie jede Zeile, beschleunigt und verlangsamt ihr Tempo, hebt ihre Stimme und lässt sie abebben.

Es ist das erste Mal, dass ich, während ich ein Gedicht im Deutschunterricht lese, nicht nur verkrampft versuche zu ver-stehen, worum es inhaltlich eigentlich geht (das allein war für mich damals die größte Hürde, ging das noch jemandem so?) – sondern genauer hinschaue.

Sie hat recht. So energisch, wie er den Sturm und das Ge-witter in vier Zeilen aufbaute, mit so viel Kraft den Zug auf das Meer aufschlagen ließ, mit genau so einem plötzlichen Ab-bruch lässt er die gespenstische Stille entstehen, die nur Sekun-den danach herrscht. Er zeichnet vor meinem inneren Auge die Dunkelheit, und mit ihr spüre ich den abrupten Schock über das, was gerade geschehen ist.

Fontane malt mit Worten. Und ich bin fasziniert.

Es ist einer der Momente meiner Schulzeit, die ich nie ver-gessen werde. An diesem Freitag begreife ich, über eine wei-tere ermüdende Ballade aus dem 19. Jahrhundert gebeugt, wie faszinierend Literatur und Lyrik sein können, wie viel mehr in einer Zeile zu stehen vermag als nur das, was wir mit Worten schildern.

Von Frau Micheel lerne ich drei Jahre lang das Schreiben, später übernimmt ihre Kollegin Frau Lahne, die mich nicht weniger fördert und bis zum Abitur im Literatur-Leistungskurs begleitet. Für viele ist Deutsch ein Fach, durch das sie sich quälen, mich inspiriert es. Bis zum Abi lese ich mehr als hundert Bücher – und beginne selbst zu schreiben; erst nur ein Tagebuch, später Zeitungsartikel und Kurzgeschichten.

Ich lerne, Tempo in einen Text zu bringen oder wieder herauszunehmen, ich lerne, Stilmittel einzusetzen, ich lerne, Metaphern zu formen – und ihre Grenzen zu testen. Ich lerne, auf jede doppelte Bedeutung, auf versteckte Referenzen, auf vorhersehende Botschaften in Emotionen, in Silben, selbst in Satzzeichen zu achten. Mehr und mehr liebe ich es, mich regelrecht in einen Text zu graben, ihn ganz aufzunehmen und nachzufühlen.

Als ich 2020 mein erstes Buch veröffentliche, denke ich: Ich hoffe, Frau Micheel liest es – und dass ihr die vielen Metaphern, die Tempo- und Szenenwechsel auffallen. Die sind nämlich nicht umsonst.

#5

Vorbilder: Jane Goodall

Name:
Jane Goodall

Beruf:
Forscherin

In einem Wort:
Hoffnungsvoll

In einem Satz:
Jane Goodall ist nicht nur eine britische Verhaltensforscherin, die 1960 begann, das Verhalten von Schimpansen in Tansania zu untersuchen, sie ist auch bis heute eine Ikone des Tier- und Naturschutzes, die weltweit verehrt wird.

Gefunden:
Ich glaube, das erste Mal habe ich von ihr in einer Kinderzeitschrift gelesen, der *Geolino*.

Jane Goodall konnte durch ihre jahrzehntelangen Studien sehr viel über das Verhalten, die Sozialstrukturen und das Leben von Schimpansen herausfinden. Sie war es beispielsweise, die zum ersten Mal beobachtete, wie Schimpansen Werkzeuge benutzen. Fast alles, was wir heute über unsere nächsten Verwandten wissen, konnte Goodall bei ihrer Arbeit in Tansania beobachten und belegen.

Nachdem Goodall ihre Feldstudien an den Schimpansen beendet hatte, beschloss sie, ihre Erkenntnisse um die Welt zu tragen und sich für den Erhalt der Umwelt und das Leben der Schimpansen einzusetzen. Seither reist die heute 88-Jährige unermüdlich über den gesamten Globus und versucht, Menschen für den Schutz von Tieren und der Umwelt zu gewinnen.

Gelernt:
Ich habe von Jane Goodall nicht nur Mitgefühl, sondern Bewusstsein erlernt. Sei nicht nur freundlich zu menschlichen, sondern zu allen Wesen unseres Planeten. Es gibt so vieles, was wir noch nicht über die Wesen unseres Planeten wissen, über seine Pflanzen, seine Wurzeln und seine Geschichte. Da ist einfach noch so vieles, das wir zu lernen haben, wir, die doch immer glauben, schon alles zu kennen.

Als Frau wurde Jane während ihrer aktiven Jahre auf Konferenzen und in Tagungen dabei oftmals infrage gestellt, manchmal belächelt, oft kritisiert und vor allem von Männern zur Seite gedrängt, die »andere Probleme« für wichtiger erachteten. Jane hat bewiesen, dass Forschung und ihre Ergebnisse lauter sind als Vorurteile, dass wir beharrlich bleiben müssen, dass es unsere Pflicht ist, unseren Planeten – Mutter Erde – zu lieben, für ihn einzustehen. Und dass es das Mindeste ist, für jene zu sprechen, die es nicht selbst tun können.

Ein Zitat von Jane:
»Ich habe Hoffnung, dass noch Zeit da ist, um das Ruder herumzureißen. Aber diese Hoffnung ist darauf angewiesen, dass wir aktiv werden. Es tut weh, dass wir, obwohl wir das intellektuellste Geschöpf sind, das je gelebt hat, dabei sind, den Planeten zu zerstören.«

#6

Die, die keine Schlampe war

Im Kindergarten lernen wir einander kennen, lernen, miteinander zu interagieren, in der Grundschule lernen wir zu lesen, zu schreiben, in der Mittelstufe lernen wir die Welt in ein paar Kapiteln, in ein paar Hundert Seiten, in Sprachen oder Kontinenten kennen, wir finden heraus, wie Sauerstoff entsteht, was Evolution bedeutet oder Demokratie. Und in der Oberstufe? Angeblich sind die zwei oder drei Jahre, die uns bleiben, bevor wir uns für einen Studiengang, eine Ausbildung, eine Stadt oder eine Auszeit entscheiden, auch jene, in denen wir herausfinden sollen, wer wir sind – oder sein wollen.

Die Wahrheit ist: Wenn du 16 bist, in einer Kleinstadt lebst und dein Lebensmittelpunkt ein Schulhof ist, wenn das Gefühl, einfach irgendwo dazuzugehören, akzeptiert zu werden oder sogar beliebt zu sein, mindestens aber gemocht zu werden, der wichtigste Faktor dafür ist, dass du dich gut und wohl mit dir selbst fühlst – dann bleibt wenig Zeit für die Frage: Wer will ich wirklich sein?

Zumindest ging es mir so.

Ich wusste, was ich nicht sein wollte – das war zumindest ein erster Schritt (aber der brachte trotzdem keine Klarheit). Ich wollte nicht zum Volleyballteam gehören, ich wollte auch kein Tennis spielen (beides Orte, an denen die perfekten und beliebten Mädchen der Schule mit glänzenden Haaren und Perlenohrringen gezüchtet wurden), ich wollte meine Meinung nicht verstecken, ich wollte mich nicht anpassen, ich wollte keinem aufgezwungenen Stereotyp entsprechen, nur um für ein paar Jungs aus dem Parallelkurs interessant genug zu sein, die schließlich darüber entscheiden würden, ob ich nun langweilig und prüde oder doch niedlich, das cool girl, ob ich anstrengend und damit unattraktiv oder dann doch die whore war.

Generell benutzten die Jungs an meiner Schule das Wort »whore« (engl. für Hure oder Schlampe) wie einen losen Stempel, den sie leicht aufdrücken konnten, während er für die, die ihn auf einmal trugen, beinahe unabwaschbar war.

Jennifer hatte vor den Sommerferien zur Gruppe der schüchternen, stillen Mädchen gehört. Sie sang im Schulchor, sie engagierte sich für den Schüleraustausch nach Frankreich, sie vergaß nie ein Referat oder einen Kuchenbasar. Jenny war lieb, hilfsbereit, ging Streit aus dem Weg und nie in die Konfrontation. Wer etwas Schlechtes über sie sagen wollte, nannte sie langweilig, aber eigentlich tat das niemand. Jenny war nicht interessiert an Aufmerksamkeit, an Cliquen, an Partys oder dem Gossip am Montag danach. Die meisten Wochenenden verbrachte sie mit ihren Eltern und ihrer Schwester an der Ostsee.

Es brauchte nicht viel, um aus der stillen Jennifer »slutty Jenny« zu machen. Es brauchte nur zwei Dinge: einen Kuss und ein Arschloch.

Es ist nach Mitternacht, als Jonas – ebenfalls sechzehn, unsicher und vollgesogen mit toxischen Ideen darüber, was es bedeutet, ein Mann zu sein – Jenny nach einer Abiparty küsst.

Sie hatte beim Aufräumen geholfen, er noch nicht nach

Hause gefunden. Jonas spricht sie an, während sie Müll hinausträgt. Er raucht eine Zigarette, fragt, ob sie ihm Gesellschaft leisten würde.

Er fragt nach ihrer Note in einer Bioprüfung, er flirtet mit ihr, zieht sie für ihr Pflichtbewusstsein auf, aber scheint sie trotzdem eher zu bewundern, als dass er über sie lacht.

Später würde Jenny mir erzählen, dass sie schon seit der 8. Klasse verknallt in Jonas gewesen war – aber natürlich nie auch nur ein Wort darüber zu irgendwem verloren hatte. Sie genoss seine Aufmerksamkeit, auch wenn sie sie nicht erklären konnte, auch wenn sie nicht wusste, wie echt sie war. Aber dieser Flirt fühlte sich gut an, neu und unbekannt und – aufregend.

Jonas bietet an, sie nach Hause zu bringen: Eine halbe Stunde Fußweg laufen sie durch die leere Innenstadt, reden über Musik, über das Abi, die Pläne danach. Ihr Haus ist das erste, seins liegt noch ein paar Straßen weiter. Als sie sich verabschiedet, küsst er sie. Und für einen Moment fühlt es sich großartig an. Es ist die Szene, die du dir immer wieder ansiehst, aber selbst nie erlebst, bis du mittendrin steckst. Er legt seinen Arm um sie, sie lehnt sich an ihn. Er greift in ihren Nacken, umfasst ihr Kinn. Als er unter ihr Shirt greift, schreckt sie zurück. Er hält sie fest, greift fester zu, greift nach ihrem BH, sie macht sich los. Er rollt die Augen, hebt die Hände, sagt abschätzig: »Okay, verstanden.« – Dann lässt er sie stehen. Als sie sich ins Bett legt, zittert sie noch immer.

Am nächsten Morgen wissen alle, dass sie mit Jonas geschlafen hat. Natürlich ist das nie passiert. Aber das ist egal. Sie, die stille Jenny, er, der laute, lässige, übermütige Jonas, der Überflieger mit dem breiten Grinsen und den wiederkehrenden Blackouts auf Partys, die seine Popularität aber nur noch mehr steigern. Es ist klar, wem die Schule zuhört.

Die meisten sind überrascht, ein paar begeistert von der vermeintlich neuen Jenny, die niemand erwartet hatte, einige bewerten sie, andere sorgen sich, ein paar verurteilen, alle reden.

Aus der schüchternen Jennifer, der Sopranstimme im Chor, wird ein One-Night-Stand, über den der Schulhof spricht, »geknackt« von Jonas Hirschel himself. Und je weniger sie selbst zum Thema beiträgt, desto wilder und wahrer werden die Spekulationen. Als sie sich schließlich wehrt, ist es wie eine leise, laute Bestätigung für all das, was sich ein unsicherer Junge ausgedacht hat.

Das Schlimmste an einer großen Lüge? Es braucht nur eine kleine Wahrheit, und du kannst nichts mehr gegen sie tun. Ein Jahr zuvor hatte sie einem Jungen aus einer der höheren Stufen ein Foto von sich in Unterwäsche geschickt. Als die kurze Beziehung zerbrach, hatte er das Bild herumgezeigt, aus Rache an seine Kumpels versendet. Und genau dieses eine Bild, eigentlich mal ein privates Foto, das nur für die Augen eines Menschen gedacht war, dem sie vertraut hatte, machte jetzt erneut die Runde, nur dass es im Zusammenhang mit Jonas eine vollkommen neue Aufmerksamkeit bekam. Jennys Selfie wurde zur öffentlichen Pinnwand für nur noch wildere Gerüchte, die irgendwann unseren Jahrgang verließen und in der gesamten Oberstufe herumgingen.

»Irgendwie tut sie mir voll leid.«

»Warum?«

»Ja, wie würdest du das finden, wenn die halbe Stufe jetzt weiß, wie du im BH aussiehst?«

»Ich würde halt keine Bilder von mir im BH machen, ich bin ja keine Schl…«

»Keine was?«

Wir stehen vor dem Chemieraum, eine Gruppe von vielleicht vier oder fünf Mädchen, bisher hatte ich eher zugehört, für mich war es einfach lautes Gerede eines Idioten, und je mehr Aufmerksamkeit man dem Thema schenken würde, desto besser würde Jonas sich fühlen. Als Bianca und Johanna anfingen, sich während unserer Mittagspause schon wieder über Jenny zu unterhalten, hatte ich noch still mit den Augen gerollt, aber Biancas letzter Kommentar ist es, der etwas in mir weckt: Wut.

»Ist das dein Ernst? Es ist ihre Schuld, dass die ganze Schule sich das Maul über sie zerreißt? Dass ihr dummer Ex sie demütigt?«

»Wenn es das Foto nicht geben würde, könnte er es ja auch nicht zeigen, oder?«

»Ist dir eigentlich klar, wie dumm das ist, was du da sagst? Das ist, als würde man dir an den Hintern greifen und dann behaupten, dass das ja nie passiert wäre, wenn du keine enge Jeans getragen hättest. Oder wenn mir jemand auf die Brüste starrt und dann behauptet, das ist ja nur passiert, weil ich welche habe.«

»Meinen Hintern suche ich mir ja nicht aus, aber ich kann frei darüber entscheiden, mit wie vielen Typen ich rummache oder wem ich irgendwelche Selfies von mir in Unterwäsche schicke – oder?«

»Mit wie vielen Typen du rummachst? Weißt du denn, mit wie vielen Typen Jenny rummacht?«

»Na ja, mindestens Jonas und dann ja ganz klar der Ex. Das sind immerhin schon zwei.«

»Genau. Zwei. Der eine war ihr Freund, und den anderen hat sie nach einer Party geküsst.«

»Geküsst ... das ist ihre Version.«

»Und selbst wenn sie mit ihm geschlafen hätte. Was ist das große Problem? Dein Bruder hat letztes Jahr seine Freundin während der Studienfahrt beschissen. Wenn ich richtig zähle, sind das auch zwei Frauen, und zwar in einem weitaus kürzeren Zeitraum. Ist er jetzt auch eine Schlampe? Zerreißt sich über ihn auch jeder das Maul?«

»Das ist was vollkommen anderes. Er ist eben ein Typ.«

»Das ist nichts anderes, Bianca. Jenny hat es verdient, dass du über sie herziehst, dass man ihre intimen Fotos herumzeigt, sich über sie lustig macht und sie öffentlich zur Schau stellt, dass sich so ein Arschloch wie Jonas irgendwelchen Mist über sie ausdenkt, um sich vor seinen Kumpels zu profilieren und wie ein Macker zu fühlen – das ist alles okay, weil sie die Schlampe ist, die einen Typen nach einer Party geküsst hat?«

»Ich versteh überhaupt nicht, warum du dich so aufregst, lass mich doch einfach meine Meinung haben, und du hast deine«, sagt sie augenrollend.

»Das Problem ist, dass das, was du da von dir gibst, nicht mal eine Meinung ist. Es ist dummer, oberflächlicher Sexismus, es ist einfach nur Müll, den du nachplapperst, der eine andere Frau abwerten soll, damit du was – dich selbst aufwerten kannst? Schäm dich einfach …«

Slut Shaming

»Schlampen-Beschämen«, auch bekannt als »Schlampen-Dreschen«, greift Frauen oder Mädchen für ihr sexuelles Verhalten an oder redet ihnen Schamgefühle ein, sofern diese einen oder mehrere Geschlechtspartner oder sexuelle Gefühle haben, die sie ausleben. Ebenfalls ist es »die Implikation, dass, wenn eine Frau auf eine Art und Weise Sex hat, wie die traditionelle Gesellschaft es ablehnt, sie sich schuldig und minderwertig zu fühlen hat« (Alon Levy, Slut Shaming).

#7

Die, die mich aufklärte

Natürlich war Belinda die Erste, oder zumindest die Erste, die es erzählte, die offen darüber sprach, die die Aufmerksamkeit genoss, die sie dafür bekam, dass sie … Sex gehabt hatte.

Es war mit einem Typen namens »Confi« passiert, eigentlich hieß er Alexander Bröcker, aber »Confi«, das stand für sein Selbstvertrauen. Kein Witz, ihr lest richtig, der Typ klingt natürlich wie der absolute Gewinner (nicht).

Belinda und Confi waren kein Paar, vielleicht waren sie es jetzt oder würden es irgendwann einmal sein, so richtig verstand ich es nicht, aber Belinda hatte am Wochenende mit ihm geschlafen, um es »einfach mal auszuprobieren«. Sie sei neugierig gewesen und Sex einfach keine große Sache.

Natürlich verkaufte sie es so. (Es ist natürlich nur eine Vermutung, dass es vielleicht auch sein könnte, dass sie nur mit einem vier Jahre älteren Typen geschlafen hatte, um für ihn interessant oder erwachsen genug zu wirken, dass sie sich vielleicht sogar gedrängt gefühlt hatte, um ihm zu gefallen, oder sich von dem Sex mehr erhofft hatte als nur ein neues Gerücht, nämlich seine Aufmerksamkeit oder sogar eine Beziehung. Aber natürlich hätte sie es niemals zugegeben, denn das passte nicht zu

Belindas selbst erbauter Fassade. Aber diese Version der Geschichte erschien mir schon damals ein bisschen glaubwürdiger als die Geschichte, in der Belinda mit 16 Jahren beschließt, dass ihr erster Sex für sie kein big deal ist, ihn dann aber trotzdem mindestens drei Tage lang zum wichtigsten Thema der Pausengespräche macht.)

Zugegeben, ich gehörte auch nicht zu den Mädchen, die sich ihren ersten Sex in größter Romantik erträumten, die sich ein Meer aus Kerzen oder einen ganz besonderen Song vorstellten, ich sah mein erstes Mal nicht als einen besonderen Moment mit dem hoffentlich perfekten Menschen, an den ich mich für immer würde erinnern wollen. Mal ehrlich, Sex, gerade wenn du ihn zum ersten Mal hast, ist awkward, beide sind verlegen, keiner ist wirklich geschickt, du weißt nicht so wirklich, was du eigentlich tust und ob es überhaupt gut ist, und in den wenigsten Fällen traust du dich, zu fragen.

Sex wird besser, wenn du dich dabei wirklich richtig entspannen kannst, wenn er kein Schauspiel mehr ist, wenn er sich nicht wie eine Castingrunde anfühlt, bei der du gewinnen oder verlieren kannst und nur zurück- und damit in die nächste Runde gerufen wirst, wenn du am Ende eine komplette Jury überzeugt hast.

Sex wird richtig, richtig gut, wenn du ihn mit jemandem hast, dem du vertraust, bei dem du dich wohlfühlst, jemandem, der nicht einmal unbedingt erfahrener darin sein muss als du, sondern ihn einfach gemeinsam und mit dir haben will. Sex ist nicht das, was ein Typ dir zeigt oder beibringt, ugh. Sex ist die Chemie, die entsteht, wenn du mit ihm oder du mit ihr – oder auch nur du selbst mit dir selbst – ganz du selbst sein kannst. Sex wird nicht gut, weil er wild ist, Sex wird nicht gut, weil er verboten ist oder heimlich passiert, Sex wird nicht gut, weil er erst nach der Ehe passiert, Sex wird nicht gut, weil er mit möglichst vielen verschiedenen Menschen passiert, Sex wird auch nicht einfach dadurch gut, dass er ausschließlich mit jemandem passiert, den du über alles liebst, für den du alles tust. Sex wird gut – wenn er echt ist. Wenn es da eine Verbindung gibt, wenn da ehrliche Nähe entsteht, zwischen dir und mit wem auch immer du ihn hast.

Für die meisten meiner Mitschüler war Sex entweder ein Status (»Der Typ hat einfach mal schon was mit drei verschiedenen Mädels gehabt. Keine Ahnung, wie der das macht.«) oder ein Stigma (»Ich hab gehört, sie hat einfach mal schon mit drei verschiedenen Typen gepennt. Muss das wirklich sein?«), vor allem aber ein Gesprächsthema. Dabei sprachen wir eigentlich nie über Sex an sich – sondern nur darüber, wer ihn mit wem und wie oft gehabt hatte.

Wie wenig wir wirklich über Sex wussten, über unsere Körper, über Verhütung, wie wenig wir wirklich auf uns aufpassten, während wir uns für aufgeklärt hielten, wurde mir erst an einem Montagmorgen in der Schule bewusst. Ich hatte mir gerade die Hände gewaschen und trocknete sie mit einem Papierhandtuch ab, als ich jemanden in einer der Kabinen weinen hörte. Erst verstummte ich, dann ging ich näher an die Toilettentür heran, und als ich schließlich die Vans unter dem Türspalt erkannte, klopfte ich: »Sanni?«

Sanni und ich waren im letzten Halbjahr gute Freundinnen geworden. Wir hatten ein paar Kurse gemeinsam, saßen nebeneinander, hatten beide ein ziemlich schnelles Lesetempo, was bedeutete, dass wir längst über unsere Wochenenden quatschten, während alle anderen sich noch durch die Arbeitsblätter kämpften, und immer öfter schwänzten wir am Donnerstagnachmittag den Wirtschaftskurs, um zusammen einen Milchkaffee in der Stadt zu trinken. So taten wir immerhin auch etwas für den ROI der Kleinstadtbäckerei. Sanni lebte, genau wie ich, in einem kleinen Dorf und 20 Fahrminuten von unserer Kleinstadt entfernt – leider genau in die entgegengesetzte Richtung, sodass ich sie außerhalb der Schule selten sah.

»Ist alles okay?«, fragte ich vorsichtig. Aber sie antwortete nicht. Ich überlegte, vielleicht war sie durch eine Prüfung gefallen? Vielleicht hatte sie Stress zu Hause? Streit mit jemandem? Warum sonst hatte sie sich, während gerade unsere zweite Unterrichtsstunde lief, im Mädchenklo eingeschlossen?

»Sanni?«, versuche ich es noch einmal, und endlich geht die Tür auf. Vor mir sitzt meine Freundin, vollkommen aufgelöst, mit dunklen Mascararändern auf ihren Wangen, sie putzt sich die Nase, wischt sich über das Kinn, an dem ihr die Tränen herunterlaufen.

Ich hocke mich vor sie. »Was ist passiert?«

»Ich hab mit Flo geschlafen.«

»Flo … Ich wusste nicht, dass da was läuft. Zwischen euch.«

»Seit ein paar Wochen. Wir haben erst nur geschrieben und uns getroffen, aber ich hatte keine Lust, darüber zu reden, damit sich die Geier auf mich stürzen …«

»Versteh ich.«

Sie wischt sich die Tränen weg und sieht mich an. »Ich nehm die Pille aber nicht. Hab ich noch nie. Na ja, und – wir haben kein Kondom benutzt.«

»Sanni …«

»Ich brauch das jetzt echt nicht, okay? Den Blick und die Predigt und dass du mich verurteilst. Ich fühl mich beschissen genug, und ich kann dir auch nicht erklären, wie das passiert ist oder warum ich so leichtsinnig war oder *what the fuck* eigentlich los war. Er hat nichts gesagt, und ich kam mir bescheuert vor, zu fragen, und dann … war irgendwie auch schon alles mittendrin und dann vorbei. Keine Ahnung.«

Ich richte mich auf und lehne mich gegen den Türrahmen. Für einen Moment schweigen wir, dann reiche ich ihr meine Hand.

»Komm.«

»Ich geh jetzt bestimmt nicht so zurück in den Unterricht.«

»Wir gehen auch nicht in den Unterricht, sondern in die Apotheke.«

Es sind nur ein paar Hundert Meter bis zur Stadtapotheke. Drinnen ist nicht viel los, aber genau das ist das Problem. Zwei Apothekerinnen stehen hinter der Theke. Eine davon ist die Mutter eines Mitschülers. Und wenn Sex, oder wer ihn hatte, sich schon unter uns wie ein Lauffeuer verbreitet, das du nicht mehr stoppen kannst, wenn ein dummes Gerücht es erst entfacht hat, dann ist das unter Eltern erst recht so.

»Ich kann da nicht reingehen«, sagt sie und läuft zum dritten Mal an der Eingangstür vorbei. »Was soll ich denn sagen? ›Oh, hi, Frau Ritter, schön, Sie zu sehen, wie geht es Ihnen, wie war der letzte Schülerrat? Gut? Ich hab ihn geschwänzt, um mit dem Typen rumzumachen, mit dem ich dann Samstagnacht Sex hatte, ungeschützt übrigens, wie sieht's aus, verkaufen Sie mir die Pille danach?‹«

»Vielleicht nicht gerade das«, antworte ich und ziehe sie am Ärmel dichter an mich heran. Ich habe vollkommen vergessen, dass Sanni im Schülerrat sitzt. Genau wie Martin Ritters Mutter. Das macht die Sache nicht weniger kompliziert.

»Okay, dann gehen wir zusammen rein und kaufen auch zusammen die Pille. Dann weiß sie nicht, wem sie gehört.«

»Und du meinst, das hält sie auf? Vergiss es, das macht es nur noch schlimmer, ich riskiere bestimmt nicht, dass …«

»Dass was? Dass du vielleicht bald ein viel größeres Problem hast?«, unterbreche ich sie.

»Was ist das Schlimmste, was dir passieren kann?«

»Dass die ganze Schule es herausfindet, dass meine Eltern es herausfinden, dass mein Vater mir nie wieder in die Augen schaut, dass meine Mutter mich anschreit und mir sagt, wie sehr sie sich für mich schämt, dass alle für immer darüber reden werden, dass ich die Pille danach brauchte, dass mir dieser eine, dumme Fehler für ewig nachhängt«

»Das wird er, wenn du nichts dagegen tust. Was willst du machen, einfach ignorieren, dass du vielleicht schwanger sein könntest? Weißt du, wie groß das Gerede dann ist?«

Sie sieht mich verzweifelt an. Dann greift sie nach meiner Hand. »Danke, dass du da bist«, sagt sie.

Warum zur Hölle ist eigentlich Flo nicht hier?, denke ich. Warum war es nur Sanni, die durch diese Situation ging? Warum war sie es, die panisch vor der Apotheke auf und ab lief, die sich schämte, die Angst davor hatte, dass man uns entdecken würde, was man, wenn das hier herauskam, über uns erzählen oder wie sehr man uns verurteilen würde.

Saß er gerade auch irgendwo und machte sich Sorgen? Kreisten seine Gedanken auch darum, dass sie vielleicht einen leichtsinnigen, vollkommen dummen Fehler gemacht hatten? Oder lehnte er sich zurück, langweilte sich gerade über ein paar geometrischen Formeln und ging davon aus, dass es Sannis *Ding* war, das sie eben allein regeln musste?

Ich werde aus meinen Gedanken gerissen, als sie sich auf einmal abrupt von mir losmacht, die schwere, verzierte Holztür aufzieht und im Eingang der Apotheke verschwindet. So schnell, wie der Mut sie gepackt hat, verschwindet er auch wieder. Denn als sie nur Sekunden später vor Frau Ritter steht, verstummt sie.

»Sandra?«, fragt sie.

»Hallo, Frau Ritter …«, sage ich, als Sanni noch immer die Worte fehlen.

»Wir, uhm …« Ich atme tief durch. »Wir brauchen die Pille danach.«

Frau Ritter bleibt ganz ruhig. Sie nickt, dann kommt sie hinter dem Tresen hervor. »Ihr beide?«

»Nein, nur ich«, sagt eine dünne Stimme neben mir.

»Okay, Sandra, dann komm mal kurz mit.«

Es dauert vielleicht zehn Minuten, dann kommen die beiden zurück.

Sanni vergräbt die Hände in den Hosentaschen.

»Was kostet das denn jetzt?«

»15,90 Euro.«

Sie zieht einen zerknüllten 20-Euro-Schein hervor, Frau Ritter legt das Wechselgeld in die Schale. Als Sandra es greifen will, legt sie vorsichtig eine Hand auf ihre.

»Es ist nicht einfach, erwachsen zu werden, stimmt's? Aber das, was du hier gerade gemacht hast, das war klug, und das war richtig, und ich bin froh, dass du dich hierhergetraut hast. Und auch wenn es nicht wieder passieren sollte – es *kann*. Jeder macht mal einen Fehler, jedem passiert mal etwas, das so nicht geplant war. Das ist nichts, wofür du dich schämen musst. Auf keinen Fall. Kein Mann, keine Frau ist perfekt. Wir alle stolpern oder tun auch mal etwas Unüberlegtes. Wichtig ist, wie wir uns danach verhalten, dass wir Verantwortung übernehmen. Und ich bin froh, dass du das tust. Versprich mir trotzdem, dass du bald zu einem Arzt oder einer Ärztin gehst und dich beraten und vor allem auch noch einmal testen lässt, denn die Pille danach schützt nicht vor Geschlechtskrankheiten …«

»Danke …«, sagen wir beide leise.

»Danke für euer Vertrauen.«

In dem Moment weiß ich, dass wir sicher sind. Dass sie nicht über uns sprechen wird. Dass wir das Richtige getan haben. Und bis heute ist es dieser Moment, in einer Kleinstadtapotheke, der mich wirklich aufgeklärt hat, nicht theoretisch, nicht über Sex generell, sondern über das Vertrauen und die Verantwortung, die wir brauchen, die wir haben müssen – wenn wir ihn haben.

Idealerweise wird die Pille danach so früh wie möglich, innerhalb der ersten 12 Stunden, aber je nach Präparat auch bis zu 72 Stunden (3 Tage) oder 120 Stunden (5 Tage) nach dem ungeschützten Geschlechtsverkehr eingenommen.

Sie ist rezeptfrei in der Apotheke zu kaufen, auch für Mädchen unter 18 Jahren, die Kosten liegen zwischen 13 und 15 €.

Die Pille danach ist nur als Notfallverhütung geeignet und ersetzt keine reguläre Verhütungsmethode.

Natürlich bin ich keine Medizinerin und kann längst nicht alle Fragen beantworten. Weitere Informationen findest du darum hier: https://www.profamilia.de/themen/verhuetung/pille-danach

#8

Die, die die erste Schwiegermutter war

Ich war siebzehn, als ich Paul traf – besser gesagt, als er mein fester Freund wurde.

Ich kannte ihn seit der siebten Klasse, allerdings hatten wir bisher keine Kurse zusammen gehabt, sodass er mir vier Jahre lang immer nur ab und zu auf dem Schulhof über den Weg lief.

Jetzt hatten wir nicht nur den gleichen Stundenplan, sondern uns auch ineinander verliebt.

Auf einer Hausparty bei gemeinsamen Freunden hatte er mich, angetrunken von zu süßem Kirschwein, zum ersten Mal geküsst. Als meine Eltern ein paar Wochen später in den Urlaub fuhren und ich zu Hause blieb (um ebenfalls eine Party zu schmeißen), wurden wir, als wir am nächsten Morgen den Küchenfußboden von klebrigen Substanzen befreiten, ein Paar. Meine erste echte Beziehung.

Ab diesem Moment waren Paul und ich unzertrennlich. Wir verbrachten jede freie Minute zwischen den Unterrichtsstunden und die meisten Wochenenden miteinander. Er hatte im Haus seiner Eltern eine ganze Etage für sich selbst – und ich damit zum ersten Mal in meinem Leben echten »Freiraum«. Zu Hause lag mein Zimmer direkt gegenüber von dem meiner

Eltern, lediglich das gemeinsame Badezimmer trennte uns. Das hieß, dass ich mich als nachtaktiver Teenager eigentlich ständig überwacht fühlte. Ich konnte weder länger am Laptop sitzen, den Fernseher anschalten oder mir noch ein Glas Wasser aus der Küche holen, ohne dass meine Mutter es hörte. Natürlich hatte sie selten etwas dagegen, wenn ich länger aufblieb, aber das war gar nicht der Punkt. Bei Paul waren wir allein auf 45 qm, ein Schlafzimmer, ein Wohnzimmer und ein Badezimmer – vollkommen für uns.

Und für genau drei Monate fühlte sich jedes Wochenende, an dem ich am Freitagmorgen meine Tasche packte und nach der Schule mit zu ihm fuhr, wie ein Stück Erwachsenwerden an, das ich mir innerlich schon lange gewünscht hatte. Weil Pauls Eltern nah an der Stadt wohnten, konnten wir mit dem Fahrrad in den Park fahren, Freunde treffen, abends am See grillen oder auf Konzerte gehen, ohne dass wir darum bitten mussten, dass jemand uns fuhr und wieder abholte. Niemand fragte oder bemerkte, wann wir nach Hause kamen, und bis auf das gemeinsame Frühstück mit seinen Eltern an jedem Samstag und Sonntag waren wir vollkommen losgelöst vom Familienalltag.

Pauls Mutter fand ich toll. Vom ersten Moment an hatten wir uns gut verstanden, sie hatte sich mir direkt als Sonja und nicht als »Frau Wannemacher« vorgestellt und mich, statt mir förmlich die Hand zu schütteln, direkt in eine Umarmung gezogen, und schon nach ein paar Wochen fühlte sie sich weniger wie die Mutter meines Freundes, sondern wie eine Verbündete an. Damals hatte ich keine Ahnung, was das eigentlich bedeutete.

Wenn ich freitags durch die Tür kam, stellte sie zwei Cappuccino auf den Tisch, wir teilten Biscotti am Küchentresen und unterhielten uns. Mit Sonja konnte ich über so ziemlich alles, was mich beschäftigte, vollkommen offen reden. Sie hörte zu, sie antwortete mir ehrlich, sie war unheimlich schlagfertig, und ich mochte ihren Humor. Außerdem behandelte sie mich gleichberechtigt, gab mir das Gefühl, dass wir zwar unterschiedlichen Alters, aber auf Augenhöhe waren – sie war nicht die Mutter meines Freundes, ich war nicht die Abiturientin: Wir waren zwei Frauen.

»Deine Mutter ist wirklich toll«, sage ich zu ihm, strecke die Beine über seinen Schoß aus und lehne mich in die Kissen. Sonja hat vor einer halben Stunde an der Zimmertür geklopft und uns einen Karton mit zwei heißen Pizzen hereingereicht, die sie spontan aus der Stadt für uns mitgebracht hat. »Dessert steht im Kühlschrank«, rief sie noch, als sie schon wieder auf der Treppe zurück ins Erdgeschoss war und uns allein ließ.

Jetzt sitzen wir zu zweit auf dem Sofa, suchen gerade einen Film aus, und ein Teil von mir fühlt sich wie in einer erträumten Vorschau auf das Leben, das wir gemeinsam haben könnten, wenn erst einmal das Abi vorbei ist, wenn wir eine eigene Wohnung hätten, wenn wir in einer Großstadt lebten …

»Hmm …«, macht Paul, nimmt sich ein Stück Pizza und scrollt ziellos durch die Liste an verfügbaren Filmen, die sich über den Bildschirm schiebt.

»Was?«, frage ich und suche seinen Blick.

»Nichts, für mich fühlt es sich nur einfach nicht ganz so an wie für dich.«

»Was meinst du?«

»Dass ich nicht so ein großer Fan von meiner Mutter bin wie du. Aber das liegt vielleicht auch daran, dass ich sie kenne.«

Er schüttelt den Kopf, beißt noch einmal ab und greift dann zu einer der Papierservietten, um sich das Mehl von den Fingern zu wischen. Ich habe ihn noch nie so angespannt gesehen wie in diesem Moment.

»Das hier …«, er zeigt auf uns, auf die Pizza, »… ist so noch nie passiert. Sie hat noch nie einfach so Pizza aus der Stadt mitgebracht, nicht für mich, nicht für meine Schwester, nie. Das macht sie für dich, weil sie dir gefallen will, weil sie dich auf ihrer Seite braucht.«

»Ihrer Seite?«

»Ja. Meine Mutter kann nicht einfach ein Teil von etwas sein, sie braucht den Mittelpunkt, sie kann nicht einfach *nur* Sonja sein, nicht in ihrem Job, nicht in ihrem Freundeskreis, nicht einmal in ihrer eigenen Familie. Sie braucht die Oberhand, und sie braucht ihre Minions, die ihr das Gefühl geben, dass sie auch genau so großartig ist, wie sie sich selbst findet.«

»Du denkst, ich bin ein Minion deiner Mutter?«, frage ich ihn und setze mich auf. Jetzt schwingt auch in meiner Stimme ein angespannter Unterton mit.

»Ich denke, dass sie dich benutzt, ja. Um sich durch die kleinen Kaffeedates mit dir wie deine beste Freundin zu fühlen, sie ist nicht nur Sonja, die Mutter deines Freundes, sie ist die coole Mom, cooler als alle anderen, besser als alle anderen. Das sollst du den Leuten erzählen, wenn du über sie sprichst. Glaub mir, zu mir ist sie nicht halb so lässig, so entspannt wie zu dir.«

»Und du meinst, sie schauspielert das? Sie mag mich eigentlich überhaupt nicht?«

»Sie mag dich, weil sie dich braucht. Um an mich heranzukommen. Und um sich selbst besser zu fühlen. Sie macht das nicht zum ersten Mal. Meine gesamte Kindheit lang war entweder Emma oder ich der Liebling. Aber nie wir beide gleichzeitig. Liebe gab es hier nicht einfach so umsonst, darum musste gekämpft werden. Meine Mutter hat uns immer gegeneinander ausgespielt, irgendwann sind wir dann nur zu schlau dafür geworden und haben sie nicht mehr zwischen uns gelassen. Dann hat sie sich Emmas Freunde gekrallt. Dann ist Emma ausgezogen. Hast du dich jemals gefragt, warum, obwohl sie ihre Tochter in den höchsten Tönen lobt, diese dann eigentlich so selten hier ist?« Er zeigt auf das leere Zimmer neben seinem.

Tatsächlich habe ich seine ältere Schwester noch nicht kennengelernt. Sie lebt in Berlin, studiert dort Journalismus. Vor allem Sonja ist wahnsinnig stolz auf sie, spricht eigentlich beinahe täglich von ihr, bestellt sich sogar die Zeitungen, in denen Emma Artikel veröffentlicht, nach Hause, schneidet sie aus und pinnt sie an.

»Ich finde, du klingst gerade wahnsinnig unfair.«

»Und du wie ihre *beste* Freundin. Super, sie gewinnt also.«

Ich wusste, dass Paul und Sonja sich nicht immer gut verstanden, nicht selten stritten sie, manchmal sprach er für einen halben oder sogar ganzen Tag kein Wort mit ihr. Es waren eigentlich vollkommen normale Streitigkeiten, die ich genauso mit meinen Eltern hatte. Mal ging es um Pläne, die Paul gemacht hatte, ohne sie mit seiner Mutter abzusprechen, mal um Entscheidungen, die dann wiederum Sonja über seinen Kopf hinweg getroffen hatte, mal waren sie einfach genervt voneinander, ein Wort ergab das andere. Meistens war ich diejenige, die das Eis brach, ich setzte mich dann zu seiner Mutter, trank noch einen Kaffee mit ihr, hörte mir ihre Seite des Streits an und schlichtete dann zwischen Paul und ihr. Klar, in letzter Zeit hatte ich immer öfter diese Rolle zwischen den beiden eingenommen, aber es fühlte sich gut an, dass mir beide genug vertrauten, um mit mir über ihre Gefühle zu sprechen. Daran war doch nichts Schlechtes?

Als ich nicht antworte, will Paul meine Hand nehmen, aber ich ziehe sie weg. Ich fühle mich angegriffen und verunsichert, und auf einmal habe ich keine Lust mehr auf den Abend.

»Ich sage nur, dass du noch nicht alle Seiten von ihr kennst. Das, was du da gerade erlebst, ist nur eine. Sie hat mindestens drei.«

Ich ignoriere seinen Kommentar, stehe nur wortlos auf und zucke mit den Schultern. Die Situation überfordert mich, ich hatte nicht erwartet, dass die Stimmung kippen, dass eine *pizza night* zu einem Streit führen könnte.

Als ich auf dem Weg zum Badezimmer an der offenen Treppe vorbeikomme, sehe ich Sonjas Silhouette, die sich schnell abwendet und verschwindet. Sofort verengt sich mein Magen. Sie hat das Gespräch mitbekommen, wenn vielleicht nicht alles, dann zumindest ein paar Fetzen. Ich schäme mich.

Es ist Oktober, als ich Emma zum ersten Mal kennenlerne, sie steigt aus dem Auto einer Freundin, die sie vor der Haustür absetzt.

Es sind Herbstferien, und auch die Unis gehen wegen des kommenden Feiertags in ein verlängertes Wochenende. Sonja hat Geburtstag und plant seit Wochen ein großes Grillfest im Garten. Obwohl das eigentliche Fest erst in zwei Tagen steigt, haben wir den halben Vormittag damit verbracht, gemeinsam Stühle und Tische aufzustellen und einen großen Pavillon für das Büfett aufzubauen.

Seit meinem Gespräch mit Paul war ich stiller in ihrer Gegenwart geworden. Ich wusste, dass sie uns gehört hatte, aber weder sie noch ich sprachen es an, und auch zwischen mir und Paul war seine Mutter kein Thema mehr gewesen. Meine eigene Unsicherheit nagte an mir, und ich erwischte mich immer wieder dabei, wie ich einfachste Situationen mit Sonja in meinem Kopf vollkommen überinterpretierte. War sie kühler zu mir als sonst? War es ein schlechtes Zeichen, dass unsere Kaffeedates weniger wurden, oder nur Zufall? War unser entspanntes Verhältnis vorbei – oder war einfach nur ich diejenige, die verkrampfte?

Als Emma Paul sieht, wirft sie ihre Reisetasche von sich und fällt ihm kreischend in die Arme. Ich zucke kurz zusammen, muss dann aber ebenfalls lachen, als die beiden strauchelnd zu Boden gehen. Paul richtet sich als Erster wieder auf, zieht seine Schwester zurück auf die Füße und klopft sich das Gras von der Jeans.

»Lina …«, ruft er und winkt mich zu den beiden herüber, »… das ist meine große Schwester. Emma, das ist Lina.«

»Hi …«, sage ich und lächle sie an. Auf einmal klingt meine Stimme leise, kratzig, nervös.

Emma ist einer dieser Menschen, die nicht nur einen Raum, sondern gleich ein ganzes Grundstück einnehmen, wenn sie es nur betreten. Sie ist noch nicht einmal zwei Minuten hier, und dennoch überragt mich ihre Präsenz beinahe. Sie trägt ein buntes Blumenkleid, große Ohrringe und eine Vielzahl von Armbändern, die jede ihrer Bewegungen unterstreichen, dazu geschnürte Doc Martens; die braunen Locken, die ich von verschiedenen Fotos kenne, hat sie offenbar schon vor einer Weile pink gefärbt. Sie ist auf den ersten Blick die Art von Frau, die du zur Freundin haben willst, auch schon allein deshalb, weil es ein ungemütlicher Gedanke ist, sie zur Feindin zu haben.

»Oh …« Sie legt den Arm um ihren Bruder und mustert mich. Dann grinst sie ihn breit an. »Dieses Mal also eine Blonde, hm?«

Den Nachmittag verbringe ich allein auf der Terrasse, setze mich mit einem Eistee in die Sonne und flechte einen Eukalyptuskranz für die Tischdekoration. Paul ist zusammen mit Emma für ein paar letzte Besorgungen in die Stadt gefahren, mittlerweile ist das vier Stunden her. Meine Freundinnen lagen im Park, nur zehn Minuten mit dem Rad entfernt, und hatten mich schon ein paarmal eingeladen, dazuzukommen, aber ich wusste nicht, ob Paul oder seine Familie es falsch verstehen könnten, wenn er und seine Schwester zurückkamen und ich nicht einmal da war, um Emma überhaupt kennenzulernen. Bisher hatten wir, bis auf die Begrüßung, noch kein Wort miteinander gewechselt. Wenn ich ehrlich war, hatte ich sogar das Gefühl, dass sie es vermied, mich anzusprechen. Seit Emmas Ankunft hatte sich die Stimmung hier vollkommen geändert, ohne dass ich genau hätte beschreiben können, wie oder warum.

»Na, haben sie dich zurückgelassen?«, fragt eine Stimme hinter mir.

Als ich mich umdrehe, sehe ich Sonja, die sich ebenfalls ein Glas eingeschenkt hat und sich zu mir setzt. Ich lächle ihr zu und zucke nur kurz mit den Schultern. »Das ist schon okay, es braucht ja wirklich keine drei Personen, um ein paar Einkäufe zu erledigen.« Mein Ton verrät mich. Ich klinge hölzern, als würde ich einen Satz aufsagen, statt ihn zu meinen. Ich greife nach ein paar mehr Zweigen und wickle sie umeinander. Die gleiche Nervosität, die ich heute Mittag schon gefühlt hatte, ist auf einmal wieder da.

Sonja sieht mich lange an, dann seufzt sie. »Und außerdem hat meine Tochter dieses gewisse Talent dafür, anderen Menschen das Gefühl zu geben, ihr vollkommen im Weg zu sein ...«

Sie wartet meine Reaktion ab, aber ich traue mich nicht, zu antworten.

»Emma ist es gewohnt, dass ihre Welt sich um sie dreht, und wer auch immer ihr nicht passt, wird aus der Umlaufbahn geschleudert. Was meinst du, warum sie von WG zu WG zieht, immer wieder irgendwo einen neuen Nebenjob anfängt und ihre Beziehungen eine Halbwertszeit von nur ein paar Wochen haben? Meine Tochter, sosehr ich sie und ihren freigeistigen

Spirit auch liebe, ist einfach …« Sonja hält kurz inne, sucht nach einer Formulierung, dann schüttelt sie kurz den Kopf und nimmt einen Schluck Eistee, bevor sie ihren Satz beendet. »Sagen wir: eine Geschichte für sich, und nur Emma weiß jeweils, wie es auf der nächsten Seite weitergeht. Also bleiben wir mal gespannt.«

Ein Teil von mir ist froh, dass die alte Lockerheit zwischen Sonja und mir zurück ist – aber ein anderer fühlt sich unwohl in diesem Gespräch.

Ich weiß nicht, was ich antworten könnte, möchte Sonja auf keinen Fall vor den Kopf stoßen, fühle mich aber auch nicht wohl dabei, mit ihr über Emma zu sprechen. Ich kenne Pauls Schwester noch gar nicht. Ich meine, klar, unser Start war holprig gewesen, aber vielleicht hatte sie mich auch nur testen wollen …

Der Benachrichtigungston meines Handys unterbricht meine Gedanken.

```
sind noch mit ein paar Mädels von Emma
unterwegs, kommen später
```

Ich lege den Text unbeantwortet zur Seite und versuche, meinen Ärger nicht zu zeigen. Ich habe erwartet, dass Paul vielleicht für ein oder zwei Stunden unterwegs sein würde, dass wir mit den Rädern noch in die Stadt fahren und Freunde treffen würden. Eigentlich wollte Emma allein fahren, aber als sie von der Auffahrt rollte, rief sie nach Paul, er stieg ein und rief mir nur lachend durch das offene Fenster zu, dass er gleich wieder da wäre. Das war vor sechs Stunden. Auf einmal fühle ich mich dumm, irgendwie zur Seite geschoben und abgestellt.

»Lass mich raten. Sie kommen später?«

Ich nicke, atme tief aus.

»Weißt du was? Statt auf die beiden zu warten und hier herumzusitzen, fahren wir jetzt einfach in die Stadt, holen uns Sushi und setzen uns mit ein paar Kerzen in den Garten, hast du Lust?«

»Klingt gut.« Ich lächle Sonja dankbar an und stehe auf. »Ich ziehe mir nur kurz eine Jacke an.«

»Warte, das bist du?«, frage ich lachend und nehme Sonja das Foto aus der Hand, das sie mit ihrer Studiengruppe in Prag zeigt. Sie trägt einen knallgelben Parka und eine wilde Dauerwelle und sticht aus der Gruppe heraus, die hier Arm in Arm auf der Karlsbrücke steht.

»Jap, den Parka hab ich sogar noch irgendwo auf dem Dachboden, die Frisur bin ich zum Glück losgeworden!«

Sie nimmt sich noch eine Rolle Tuna-Maki und trinkt einen Schluck Wein, während ich einen weiteren Stapel alter Fotos aus der großen Box hole. Seit sicher einer Stunde sitzen wir zusammen, essen und blättern durch Erinnerungen. Die Sonne ist noch nicht untergegangen, aber die Laternen und Lichter um uns herum tauchen die Terrasse in warme Gemütlichkeit. Mein Handy habe ich absichtlich in meiner Tasche gelassen.

»Möchtest du noch?« Sie reicht mir die letzten zwei Nigiris über den Tisch.

»Das war die allerbeste Idee«, sage ich und tunke den Lachs in die Sojasoße.

»Danke für die Einladung, Sonja.«

»Gern geschehen!« Sie hebt ihr Weinglas, und wir stoßen an, als wir auf einmal Stimmen hören.

»Hey! Wir sind wieder da …«

Mit Schwung fällt das Gartentor hinter Emma zu, Paul trägt

ein paar Tüten voller Lebensmittel, sie trägt eine große Platte im Arm. Es ist Sushi.

Als ihr Blick auf den Tisch vor uns fällt, bleibt sie abrupt stehen. »Was ist das denn …?«

»Unser Abendessen, es war köstlich.«

Sonja sieht sie nicht einmal an, wischt sich den Mund mit ihrer Serviette ab und trinkt noch einen Schluck Wein. Dabei sieht sie über ihr Glas hinweg zu mir und rollt mit den Augen, als wollte sie sagen: »Und jetzt geht wieder das Drama los, warte ab.«

»Ich hab dir doch geschrieben, dass wir für euch Sushi mitbringen und gemeinsam essen wollen?« Emma schmeißt das Essen eher auf den Tisch, als dass sie es abstellt. Sie sucht Sonjas Blick, aber die wendet sich ab. »Mama, ist das gerade dein Ernst? Soll das wieder eine deiner Lektionen sein oder einfach nur der Versuch, mich zu verletzen?«

»Emma …«, sagt sie lächelnd und legt den Kopf schräg. »Manchmal geht es auch einfach nicht um dich. Ist dir der Gedanke je kommen? Lina und ich haben heute Nachmittag stundenlang an der Dekoration für meinen Geburtstag gearbeitet, und als wir fertig waren, wollte ich sie gern zum Abendessen einladen. Bis eben haben wir hier vollkommen friedlich gesessen und eine wunderschöne Zeit gehabt, jetzt stehst du hier und attackierst mich, als hätte ich dir irgendetwas getan.«

»Ich schreibe dir, dass wir Sushi für vier Personen mitbringen, um mit euch gemeinsam zu essen, und du beschließt …«

»Ich habe gar nichts beschlossen. Ich habe deine Nachricht einfach nicht gesehen. Du hättest ja anrufen können.«

Emma will gerade zu einer Antwort ansetzen, als Paul sie aufhält. »Okay – okay. Was haltet ihr davon, wenn wir uns einfach zu euch setzen? Vielleicht bekommt ihr ja auch noch mal Hunger?«

Ich spüre an seinem Ton, wie sehr er sich zusammennimmt, wie sehr er sich zu diesem Friedensangebot zwingt.

»Paul ...« Sonja fasst nach seinem Arm. »Was für eine schöne Idee, dieses Missverständnis zu lösen ...«

»Missverständnis?«, zischt Emma. »Das war Absicht, pure Absicht. *Classic Sonja.*«

»Weißt du, Emma, wenn du so feindselig fühlst, weiß ich nicht, warum du überhaupt hier bist.«

»Ich auch nicht.«

»Ich denke, dann packst du am besten deine Sachen und fährst wieder. Ich möchte morgen an meinem Geburtstag lieber von Menschen umgeben sein, die sich freuen, hier zu sein, und mit mir feiern möchten – dein hausgemachtes Drama ist unerwünscht.«

»Stimmt, wozu brauchst du mich auch, du hast ja deine perfekte Schwiegertochter ...«

Sie knallt die Terassentür hinter sich zu. Auch Sonja schiebt ihren Stuhl zurück, greift nach der Decke, die eben noch auf ihrem Schoß lag, und faltet sie zusammen. »Danke für den wunderschönen Abend, Lina. Wir sehen uns morgen.«

Damit lässt sie uns allein.

Seit der Szene im Garten haben wir kaum ein Wort gesprochen. Paul hat schweigend den Tisch abgeräumt, ich habe stumm neben ihm gesessen und versucht, das Rauschen in meinem Kopf zu beruhigen. Ich habe es nicht kommen sehen, aber ich bin zwischen die Fronten geraten. Und ohne dass ich bisher genau beschreiben könnte, warum, fühle ich mich schäbig. Vor einer halben Stunde hat eine Freundin Emma abgeholt, Paul verabschiedete sich an der Haustür von ihr. Danach löschte er wortlos das Licht. Aber ich kann nicht schlafen. Immer wieder geht mir durch den Kopf, wie kalt und berechnend Sonja sich heute verhalten hat.

»Du hattest recht – mit deiner Mutter«, sage ich leise in die Dunkelheit. »Das mit dem Sushi war kein Zufall, sie wollte Emma verletzen, sie eifersüchtig machen ... und sie hat mich dazu benutzt.«

Als ich es laut ausspreche, beginne ich zu verstehen ...

Erst Jahre später begreife ich wirklich, wie ich zwischen die Fronten dieser zwei Frauen geraten konnte, begreife erst nach und nach den Konflikt, der mich mit knapp 18 Jahren einfach nur überforderte. Gut zwei Jahre war ich mit Paul zusammen, und in all dieser Zeit beeinflussten immer wieder seine Mutter und Schwester unsere Beziehung, aber vor allen meinen Selbstwert darin. Während Emma mir gegenüber von Anfang an eine Abneigung hegte, die sie auch niemals überwinden würde, schwankte mein Verhältnis zu Sonja immer mit der Frage, ob ich gerade einen Wert für sie hatte. Zuerst hatte sie mich gebraucht, um an Paul heranzukommen, um wieder mehr über ihren Sohn zu erfahren, der sich absichtlich von ihr distanzierte. Und ich hatte ihre Freundschaft so sehr gewollt, dass sie irgendwann nicht einmal mehr zu fragen brauchte. Später hatte sie mich benutzt, um Emma eifersüchtig zu machen, und gleichzeitig jedes Kennenlernen von uns kontrolliert und im Keim erstickt.

Sonja erhielt ihre Macht über die Frauen der Familie aufrecht, indem sie sie abwertete oder gegeneinander aufbrachte – und sowohl Emma als auch ich sehnten uns, wenn auch aus unterschiedlichsten Gründen, so sehr nach ihrer Anerkennung, dass wir blind für jede Manipulation waren.

Sonja blieb der Mittelpunkt aller Beziehungen innerhalb der Familie, und je länger ich dazugehörte – oder eben nicht –, desto klarer sah ich, dass ich nie wirklich verbündet mit ihr gewesen war, ich war ihre Geisel. Aber ich wusste damals noch nicht, wie ich mich selbst hätte befreien können.

Heute weiß ich, dass ich auch als junges Mädchen einer erwachsenen Frau eine Grenze setzen darf, wenn sie meine überschreitet, dass ich mich nicht unterwerfen muss, um angenommen zu werden. Es ist in Ordnung, *Nein* zu sagen, es ist okay, sich zu distanzieren, wenn man sich überfordert fühlt, und es ist okay, offen darüber zu sprechen und nicht zuletzt den eigenen Freund um Hilfe zu fragen, wenn man sich allein oder überfordert oder nicht fair behandelt fühlt. Toxische Schwiegermütter gehören genauso wie böse Stiefmütter in ein Märchenbuch verbannt, eine junge Frau, die zum ersten Mal Teil einer anderen Familie wird, ist weder Konkurrenz noch ein Experiment noch eine Bedrohung, die es kleinzuhalten gilt.

#9

Vorbilder: Yusra Mardini

Name:
Yusra Mardini

Beruf:
Sportlerin

In einem Wort:
Entschlossen

In einem Satz:
Yusra Mardini ist eine in Deutschland lebende syrische Schwimmsportlerin. Sie floh 2015 vor dem Bürgerkrieg aus Syrien, ein Jahr später nahm sie für das Team Refugee Olympic Athletes an den Olympischen Sommerspielen 2016 teil, was sie weithin bekannt machte.

Gefunden:
Yusras Geschichte habe ich zum ersten Mal 2016 in einem Onlineartikel gelesen, und seitdem hat sie mich nicht mehr losgelassen. Ein kleines Mädchen will, seit sie denken kann, nur eines: schwimmen, irgendwann bei Olympia teilnehmen.

Ihr großes Vorbild ist Michael Phelps, sein Poster hängt an der Wand in ihrem Kinderzimmer. Dann bricht der Bürgerkrieg in Syrien aus, und auf einmal schwimmt Yusra nicht mehr täglich Bahnen auf Zeit – sondern um ihr Leben, Stunden im Mittelmeer, bevor sie erst Griechenland und dann schließlich über die Balkanroute Deutschland erreicht. Als sie in Berlin-Spandau ankommt, schließt sie sich einem Schwimmteam an – und schafft es zu Olympia. Sie durfte Barack Obama treffen, den Papst und schließlich ein Buch schreiben – »Butterfly« heißt es.

Gelernt:
Niemand sucht es sich aus, zu fliehen. Niemand entscheidet sich aus freien Stücken, ein Flüchtling zu sein. Niemand kann sich aussuchen, wo sie geboren wird, als wer sie geboren wird. Unsere Identität? Die steht gesetzlich in unserem Pass – aber sind diese Zeilen wirklich das, was uns ausmacht und beschreibt? Oder sind es unsere Entscheidungen, unser Wille, der wirklich bestimmt, wer wir sind und wer wir werden können?

Ein Zitat von Yusra:
»Ich bin keine Heldin. Ich bin auch kein Flüchtling. Ich bin keines dieser Label. Ich verkörpere eine junge Frau, die Träume hat.«

#10

Die, die mich fragte,
was ich eigentlich will

Ich hatte es mir leichter vorgestellt. Das fasst es vielleicht ganz gut zusammen.

Alles hier war groß, unendlich laut, spannend, aufregend, das hier war Berlin! Der Campus der Humboldt-Universität war wunderschön, genauso eindrucksvoll, mit schweren Treppen und Flügeltüren zum Verlaufen, ja sogar efeubewachsen. Meine Vorlesungen waren interessant, und mein Stundenplan klang auf den ersten Blick, als wäre er ausschließlich mit Fächern gefüllt worden, die mir Spaß machen würden. Ich liebte den Geruch der vielen Bücher, die ich lesen würde, die Bibliotheken.

Meine Wohnung lag nur fünf Minuten von der Uni entfernt und direkt an der Spree. Es schien perfekt, richtig?

Wie ein Traum, den ich leben durfte. Das Studium, das ich wollte, seit ich neun oder zehn Jahre alt war, eine eigene Wohnung in Berlin-Mitte, endlich Unabhängigkeit, endlich 300 Kilometer von diesem Dorf entfernt, das mir schon lange viel zu klein geworden war.

Aber irgendetwas … stimmte nicht, passte nicht. Und ich wusste nicht, was.

Vielleicht waren die Menschen hier, Berlin und das Gefühl dieser Stadt … mir einfach nur zu fremd. Vielleicht war es etwas anderes.

Am 1. Oktober startete die Orientierungswoche. Alle Erstsemester lernen sich in verschiedenen Kursen kennen, jemand führt dich über den Campus, du triffst ein paar ältere Studierende auf einen Kaffee, die dir davon erzählen, was dich im Jurastudium erwarten wird (eigentlich, um den »Erstis« die Angst vor den Prüfungen, den neuen Dozenten und der fremden Umgebung zu nehmen, in Wirklichkeit aber, um ihnen mit all den Informationen überhaupt erst einmal welche zu machen).

Zusammengefasst: Es ist die erste Klassenfahrt nach dem Abi, nur mit mehr Alkohol, mit sehr viel mehr Menschen und der Frage, in welcher Clique (»Lerngruppe«) du landest, wenn alle wieder ankommen.

Meine Mutter hat mit den Freundinnen, die sie in ihrem Studium in Potsdam vor mehr als 20 Jahren kennengelernt hatte, noch heute Kontakt. Manchmal fuhren wir sie besuchen, um gemeinsam zu kochen oder im Garten zu sitzen, und immer erzählten sie von all den Abenden in lauten Kneipen mit anderen Kommilitonen aus verschiedensten Ländern, von langen, durchgelernten Nächten, fast verpassten Abgabeterminen, von echtem Zusammenhalt, auch in den anstrengenden Prüfungsphasen (in denen sich manchmal die eine für die andere ausgab, um sich gemeinsam durch die verschiedenen Tests zu mogeln), von der gemeinsamen WG, von wilden Reisen nach Prag und Amsterdam.

Ich habe die Geschichten so oft gehört – und mir an ihnen so oft meine eigene Zukunft ausgemalt. Zugegeben, ich hatte auch mindestens hundertmal *Gilmore Girls* gesehen und mir mein erstes Semester immer genau so wie das von Rory vorgestellt. Viele Bücher, interessante Kurse, neue Menschen, neue Geschichten und Kaffee.

Aber die Realität war anders. Ich fand in meinem Semester, generell in Berlin, nur schwer Anschluss. Die Stadt war damals anders, Mitte noch nicht hip, noch nicht voller Menschen und Kulturen, sondern nur hektisch, schmutzig und unübersichtlich, die Torstraße noch nicht voller Restaurants und Bars und Lichter, lediglich ein paar Dealer hingen hier vor abgewetzten Plakaten herum, und wer konnte, fuhr besser ein paar Tramstationen weiter.

Meine Kommilitonen wirkten auf mich aus der Entfernung entweder genauso steif wie ihre Hemden, genauso glatt wie ihre Perlenohrringe (da waren sie wieder!) – oder sie waren das Gegenteil: viel lauter, viel lässiger, ständig zu spät, trotzdem beliebt, längst total selbstsicher unterwegs und alle irgendwie schon eng befreundet.

Ich war irgendetwas dazwischen, ich fühlte mich überfordert, verunsichert von den *cool kids*, zu viele Partys, zu viele Joints, zu viel albernes Gelächter, ich fühlte mich vollkommen fehl am Platz zwischen den Paulinas und Maximilians, die in Steglitz oder Zehlendorf lebten und an den Wochenenden segeln oder reiten gingen, vor allem aber fühlte ich mich verloren. Klar, irgendwann fand ich eine Handvoll Freunde, mit denen ich lernte oder nach den Vorlesungen zum Mittagessen ging. Aber bis auf unsere Vorlesungen schienen wir nur wenig gemeinsam zu haben, und außerhalb der Uni sahen wir uns nur selten.

(In meiner Google-Historie von 2009 findet sich definitiv der ein oder andere Eintrag »Freunde in einer fremden Stadt finden«, als gäbe es dafür ein einfaches Rezept.)

Eine Zeit lang redete ich mir ein, dass es vielleicht auch gar nicht darum ging, dass ich hier Freunde, ein neues Leben und neue Geschichten fand, sondern dass ich für meine Zukunft lernte, arbeitete, mich auf mein Studium konzentrierte. Ich wollte noch immer Anwältin werden – für Strafrecht.

Als dann im zweiten Semester – in dem ich endlich das Fach, auf das ich mich auch konzentrieren wollte, belegen konnte – der Professor die Vorlesung eröffnete mit den Worten: »Herzlich willkommen zu einem Kurs, in dessen Schwerpunkt vielleicht 4 % von Ihnen einen Job finden werden, nur 1 % von Ihnen auch noch ordentlich bezahlt. Legen wir also direkt den Mythos ab und steigen ein in die unterbezahlte, frustrierende, aber nicht minder interessante Kunst des Strafrechts …«, verlor ich irgendwie den Mut.

»Das erste Semester ist für alle eine reine Testphase. Es sieht vielleicht anders aus, aber glaub mir, keiner weiß wirklich, was er tut oder wohin er will. Nimm dir Zeit, es herauszufinden«, ist der Ratschlag, den ich von Jana während eines Besuchs in der Heimat bekomme. Sie ist die Tochter von Freunden meiner Eltern und studiert im 6. Semester Germanistik und Anglistik in Hamburg. Sie arbeitet nebenbei für das *Hamburger Abendblatt* als freie Journalistin. Und je länger ich ihr zuhöre, desto mehr wünschte ich, ich könnte mit ihr tauschen.

»Macht dir denn das Studium Spaß? Also der Stoff?«

»Ja, schon … Das Lernen fällt mir nicht wirklich schwer«, sage ich schulterzuckend und rühre den Kaffee in meinem Becher noch ein weiteres Mal um.

Sie legt den Kopf schief und sieht mich musternd an: »Und jetzt noch mal, ein bisschen überzeugender?«

»Ich weiß nicht. Manchmal sitze ich da und frage mich, warum ich eigentlich angefangen habe, Jura zu studieren, warum ich eigentlich immer Staatsanwältin werden wollte. Ich meine, ich lese gern, und ich schreibe gern, ich finde das Lösen von Fällen spannend, und ich liebe es, zu streiten oder in einer Debatte zu gewinnen, es fällt mir leicht, für jegliche Seiten eines Falles die überzeugenden Worte zu finden. Aber manchmal, da denke ich, dass die Debatten und die Diskussionen um das Auslegen der Gesetze in der echten Welt, außerhalb meines Seminarraums, von ganz anderen Menschen geführt werden als denen, die sie vor Gericht dann anwenden. Ein paar Menschen machen sie für uns, der Bundesgerichtshof legt sie aus, und wir anderen, wir lernen sie auswendig und sagen sie dann auf wie ein Gedicht, und der Rest ist das Ausfüllen von Formularen, zumindest hat es sich so im letzten Praktikum angefühlt.«

Ich hatte in den Winterferien für drei Wochen einen Praktikumsplatz in der Berliner Strafkammer bekommen. Was sich für mich wie ein Abenteuer anhörte, entpuppte sich als ernüchternd. In den wenigsten Fällen gab es überhaupt eine Diskussion vor Gericht. Es gab eine Anhörung, es gab viele Formalien und am Ende ein Strafmaß, das irgendwo in der Mitte von dem, was Routine, und dem, was im Einzelfall angemessen war, liegen sollte. Vor allem aber gab es Hunderte Wiederholungstäter, die gelangweilt ihre banale Strafe akzeptierten, die für sie keinerlei Bedeutung hatte.

»Ich glaube, ich habe früher vielleicht den Job eines Anwalts mit dem von einem Detektiv verwechselt. Nicht, dass man aktuell Detektiv werden könnte …« Wir müssen beide kurz lachen.

»Du meinst, du findest die Fälle, die du lösen sollst, nur spannend, solange nicht ganz klar ist, wer eigentlich Schuld hat? Oder wer der Täter ist?«

Ich überlege. Und finde mich in einem Zitat wieder, das ich von einem Berliner Strafanwalt, der mittlerweile Schriftsteller geworden ist – Ferdinand von Schirach –, in einem Zeitungsinterview in der *Frankfurter Allgemeinen* gefunden habe.

»Ich denke nicht darüber nach, ob jemand schuldig ist oder nicht, sondern es geht nur um die Frage: Reichen die Beweise aus, um jemanden zu verurteilen? Das ist etwas völlig anderes. Nur in Fernsehsendungen geht es um die abgefilmte Wahrheit (bei einer Straftat). Bei Gericht geht es um eine andere Art von Wahrheit, die Wahrheit, die mit den Mitteln des Strafprozessrechtes erkannt werden kann.«

Ich hatte Ferdinand von Schirach gelesen, hatte in seinem ersten Kurzgeschichtenband »Verbrechen« so viel Inspiration für diesen düsteren Beruf gefunden, den ich im gleichen Jahr zu studieren begann. Ich hatte eine Karriere vielleicht ein bisschen wie seine gewollt, aber alles, was ich hier fand, war die Chance auf einen belanglosen Platz in einem routinierten, müden System, das für mich nicht funktionierte. Einem Anwalt ging es in der Praxis – um seinen Klienten. Mir ging es um die Wahrheit. Und wenn ich ehrlich war, spielte sie in diesem Beruf nicht immer die Hauptrolle.

»Vielleicht ist ja genau das der Punkt«, sagt Jana.

»Lass mal den fehlenden Freundeskreis oder Berlin als Stadt oder die Jobaussichten, ganz ehrlich, jeder erzählt dir in jedem Studiengang, dass sie mies sind – lass das alles mal weg. Was ist dir wichtiger? Das Gesetz – oder die Wahrheit? Studierst du Jura, weil du es liebst, das Gesetz zu benutzen, darin nach Schlupflöchern oder Strategien zu suchen und es für dich auszulegen – oder legst du die Wahrheit als Maßstab dafür an, ob wir bestraft oder freigesprochen werden sollen?«

»Ist das wichtig?«

»Für die Frage, ob du da gerade einen Beruf studierst, zu dem du passt oder in dem du dich für immer desillusioniert oder falsch fühlen wirst? Ja! Natürlich. Es geht doch nicht nur darum, ob dein Studium dir Spaß macht, sondern ob du eine Vorstellung davon hast, welcher Mensch du sein willst, was dir wichtig ist, was dich ausmacht – und ob das in den Beruf passen kann, den du dir da gerade aussuchst. *Was willst du wirklich?*«

Ich hatte mir diese Frage bisher nie gestellt. Mir hatte noch nie jemand diese Frage gestellt. Seit ich klein war, hatte ich genau gewusst, was ich später einmal werden wollte. Zuerst Tierärztin (Oma: »Werd doch Lehrerin, wie deine Mama!«), dann Tierfotografin, dann nur noch Fotografin (Mama: »Das kann dein Hobby sein, aber du brauchst einen sichereren Beruf!«) – und irgendwann dann: Anwältin!

Ich weiß gar nicht mehr, woher die Idee kam, ich redete gern, ich diskutierte gern, ich überzeugte gern, ich gewann gern, aber noch wichtiger, ich setzte mich nicht nur für mich, sondern auch für andere ein, ich ging Streit nicht aus dem Weg, ich suchte nach Fairness und kämpfte für sie, nicht nur in der Schule, sondern auch in den Artikeln, die ich noch immer im Nebenjob für unsere Lokalzeitung schrieb, ich hatte keine Angst vor meiner eigenen Meinung, noch nie – und ich behauptete mich, immer wieder. Als ich dann Anwältin werden wollte, hatte niemand mehr etwas dagegen, niemand hinterfragte nach ein paar Jahren, ob mein Teenagertraum denn wirklich der richtige für mich war, alle waren froh, dass das Schreiben nur ein Nebenjob neben der Schule gewesen war, dass ich die Fotografie zu meinem Hobby gemacht hatte und jetzt offenbar genau den richtigen, stabilen und später hoffentlich ebenso lukrativen Berufsweg einschlug.

Und irgendwie ging es mir auch so. Wenn meine Familie stolz auf mich war, tat ich das Richtige – oder? Und Anwältin zu werden, für Gerechtigkeit einzustehen, Fälle zu lösen in einer großen Kanzlei, in einer noch größeren Stadt zu leben, endlich mehr von der Welt zu sehen als Langenapel, das klang mit 16, 17, selbst noch mit 18 Jahren, wenn deine Zukunft eine einzige

Vorstellung, ein Traum, eine Fantasie ist, gespickt mit ein paar Fakten, die du von anderen gehört hast – genau richtig.

Da mein Notenschnitt nie schlechter als 1,5 gewesen war (Lernen fiel mir immer schon leicht), ich auch im Abi genauso gut abschnitt, hatte ich Zusagen von allen Unis bekommen, an denen ich mich beworben hatte. Die Frage, die ich mit meiner Familie diskutiert hatte, war nie gewesen, was ich einmal werden würde, nur, wohin ich dafür ziehen könnte. Wir entschieden uns nach vielen Gesprächen für Berlin, Jura hingegen war gesetzt. Ich hatte das ja immerhin *irgendwann mal* so unbedingt *gewollt*.

Aber war das noch so?

»Was ich will?«, sage ich nach einer gefühlten Ewigkeit. »Nicht mehr Anwältin werden. Es macht mich jetzt schon nicht glücklich, daran zu denken. Und es macht mir Angst, mir vorzustellen, wie unglücklich es mich mal machen wird, es wirklich zu sein.«

»Dann sag das, genau das.«

»So einfach ist das nicht. Ich kann nicht zu meinen Eltern kommen und sagen: Hey, ich will nicht mehr studieren. Das geht nicht. Das verstehen die nicht, und … ich will sie auch nicht enttäuschen.«

Zwischen uns entsteht eine lange Pause.

Die eigenen Eltern nicht enttäuschen wollen, ist eine der größten Hürden, vor denen wir stehen, die manchmal unüberwindbar scheinen, wenn wir gerade dabei sind, unseren eigenen Weg zu finden – und wenn dieser abweicht von dem, den unsere Eltern sich für uns erhofft haben. Ich kenne viele Menschen, die ihn deshalb nicht gegangen sind. Die zu große Angst davor hatten, die Träume der eigenen Familie scheitern zu lassen. Aber ist das Glück? Ist für immer ein Leben zu leben, von dem andere nur glaubten, dass es dich glücklich machen könnte, während es gar nicht zu dir passt, dir vielleicht sogar wehtut, nicht eigentlich das größte Unglück für alle? Für dich – und die, die dich lieben?

»Okay, dann frag ich dich einfach noch mal. Was willst du? Nicht: Was willst du *nicht*? Was – willst – du?«

»Ich weiß nicht ... Ich will ... es herausfinden.«

»Klingt gut«, sagt Jana und drückt meine Hand.

»Klingt nach einem wichtigen Plan.«

#11

Die, die Luke Heitmann küsste

Frenemy, Definition:
eine Person, die ein Freund ist oder vorgibt,
ein Freund zu sein, die sich aber in gewisser
Weise auch immer wieder wie dein Feind oder ein
Rivale anfühlt …

Wenn du 19 Jahre alt bist, dein Studium eine Sackgasse ist, dir der Mut fehlt, mit deiner Familie darüber sprechen, und du dich außerdem noch vor genau zwei Wochenenden von deinem Freund getrennt hast, greifst du vermutlich zu drei Dingen: Salz, Zitrone und Tequila. Wenn schon alles sich irgendwie instabil anfühlt, dann wird es ja nicht schlechter, wenn es auch noch schwankt. Also ziehe ich los, beschließe, eine weitere Nacht durch Berlin zu tanzen und nicht an den nächsten Tag zu denken.

(Natürlich ist Destruktion nie eine gute Idee. Und trotzdem fühlt sie sich manchmal, nur ein kleines bisschen, genau richtig an. Nur leider nie länger als bis zum Morgengrauen.)

Marta und ich knallen die Gläser zurück auf den klebrigen Tresen und verziehen unsere Gesichter, dann zieht sie mich zurück auf die Tanzfläche, dreht sich im Kreis, stolpert dabei in eine Gruppe Menschen und lässt sich von ihnen erst auffangen und dann wieder auf die leicht wackligen Beine stellen.

»Whooops«, sagt sie, lacht und hält sich die Hand vors Gesicht.

»Ja, whoooops«, antwortet einer aus der Gruppe, dann sieht er sie genauer an. »Marta?« »Luke?« »Was machst du denn hier?«, fragen sie sich gleichzeitig, und dann erkenne auch ich ihn und stimme ein.

Luke, das heißt eigentlich »Lukas«, aber schon in der Schule fanden wir, Luke klingt irgendwie besser, stand mit einem Bier, kinnlangen, blonden Haaren und einem breiten Grinsen vor uns. Ich hatte ihn seit dem Abi nicht mehr gesehen, das letzte Mal, dass wir uns zusammen die Bank im Literaturkurs und das gleiche Buch geteilt hatten (er vergaß seines immer, zu jeder einzelnen Stunde), war mittlerweile Monate her. Einer der Gründe dafür: Er war ein guter Freund von Paul.

Noch einer: Schon bevor ich Paul traf, hatte ich immer einen kleinen Crush auf Luke gehabt. Der war dann zwar irgendwann verschwunden, aber trotzdem fühlte ich mich fast schon schuldig dabei, ihn auch nur zu umarmen, während meine Trennung von Paul noch so frisch war.

»Wie geht's euch?«, fragt er und legt uns jeweils einen Arm in den Nacken. »Kommt, wir trinken was.«

»Wir hatten gerade erst Tequila«, protestiere ich noch, aber Luke zieht uns zurück an die Bar. Während wir eine weitere Runde Bier bestellen, entschuldigt sich Marta auf die Toilette.

Als sie durch den Seitengang verschwindet, zieht Luke seine Augenbraue nach oben. »Seit wann seid ihr denn Freunde?«

Ich zucke mit den Achseln und ziehe die Schultern nach oben. »Keine Ahnung, wir studieren zusammen in der gleichen Stadt, und irgendwie … verbringen wir gerade viel Zeit miteinander, warum fragst du?«

»Na ja – Marta erschien mir jetzt nie wie jemand, mit dem du viel gemeinsam hast. Ich hab euch irgendwie nie als BFFs gesehen.«

»Und warum nicht?« Ich verschränke die Arme vor meinem Körper und lege den Kopf schief. »Hast du – irgendwie ein Problem mit ihr?«

Er hebt abwehrend die Hände und lacht. »Nein, Gott, nein, so meine ich das gar nicht. Ich finde nur, dass ihr sehr unterschiedlich seid. Sie ist einfach sehr, ähm … laut und einnehmend, und sie ist gern der Mittelpunkt eines Raums. Und ich hab immer gedacht, so was nervt dich. Ich dachte immer, du stehst eher so auf die stilleren, geheimnisvolleren Menschen, weißt du? So wie mich …« Er zwinkert mir zu und nimmt einen Schluck Bier.

Ich bin mir nicht sicher – bilde ich es mir ein, oder hat er gerade aus einem Spruch über Marta so etwas wie einen Flirt zwischen uns gemacht?

Ich merke, wie ich erröte, und drehe mich schnell weg, bevor er die Verlegenheit in meinem Gesicht sehen kann.

In gewisser Hinsicht hat er mit seiner Einschätzung über mich und Marta sogar recht. Ich weiß selbst nicht, wie sich diese Freundschaft so schnell, so intensiv entwickelt hat. Während der Schulzeit haben wir uns nie viel zu sagen gehabt, und ich muss Luke recht geben, die meiste Zeit in unserer Oberstufe habe ich sie für eher anstrengend gehalten, für einen Menschen, der süchtig nach dem Mittelpunkt ist, vielleicht ist sogar mal das Wort »Dramaqueen« gefallen.

Aber seit wir uns hier in Berlin wiedergetroffen haben, außerhalb der Schule und der alten Cliquen, sind wir engste Freundinnen geworden. Wir haben die Stereotypen, mit denen wir uns vorher vielleicht auch einfach vorschnell bewertet haben, hinter uns gelassen, mittlerweile müssen wir über das falsche Bild, das wir voneinander hatten, nur noch lachen. So ist das manchmal, wenn man sich genauer kennenlernt: Der Mensch, mit dem du eigentlich kaum etwas gemeinsam hast, wird einfach so zu dem, von dem du dich gerade verstanden fühlst. Und gerade seit meiner Trennung von Paul verbringen wir eigentlich jeden Tag miteinander, was vielleicht auch daran liegt, dass Marta ebenfalls frischer Single ist. Und gleiches Leid – oder aber auch gleiche Erfahrungen – schweißt eben zusammen.

»Hey«, unterbricht Luke meine Gedanken. »Ich wollte hier jetzt nicht so ein Gespräch aufmachen. Komm, denk nicht mehr drüber nach, lass uns tanzen gehen.«

»Okay, ich glaube, ich bin gerade dabei, meinen Crush auf Luke wiederzubeleben …«

Es ist weit nach Mitternacht, als ich Marta am Arm hinter mir her auf die Terrasse des Clubs ziehe.

»Du hattest einen Crush auf Luke?«

»Ja! Nicht so laut!«, sage ich und ziehe sie in eine der abgelegenen Ecken. Ich atme die kalte Nachtluft ein und lege den Kopf in den Nacken. »Ich hatte eigentlich immer einen Crush auf ihn, wenn ich ehrlich bin, sogar die ganze Oberstufe lang. Aber ich war mit Paul zusammen, also – hab ich's irgendwie verdrängt, aber jetzt ist er hier, und er ist irgendwie sogar noch toller als noch vor einem Jahr.«

»Ooo – kay …«

»Und jetzt ist er hier, und er tanzt seit zwei Stunden mit mir, und ich glaube – also, ich glaube, er flirtet mit mir.« Mein Puls rast, während ich ihr davon erzähle, und in meinem Gesicht spiegelt sich meine Aufregung und Nervosität wider.

»Wie kommst du denn darauf?«

»Was meinst du?«

»Na, wie kommst du darauf, dass er ausgerechnet mit dir flirtet? Ich meine – wir tanzen ja als Gruppe miteinander.« Sie zieht die Augenbrauen zusammen. »Und er ist Pauls Kumpel. Ich weiß nicht, Lina, nicht dass du das vollkommen falsch deutest …?«

Ich überlege. »Ja … Ja du hast recht. Es ist nur …« Ich muss lachen und schlage mir die Hand vors Gesicht. »Er riecht so gut, und ich mag seine Stimme, und – irgendwie wäre das genau das Richtige für mich. Einfach ein Crush, um diesen ganzen Kram mit Paul und meinen Eltern und dem Studium zu vergessen, nur für heute Abend oder so …«

»Klingt für mich, als würdest du dich da gerade ein klitzekleines bisschen hineinsteigern … Komm, ab jetzt pass ich auf, dass hier kein Unglück passiert.«

Sie zieht mich hinter sich her und zurück auf die Tanzfläche, und für den Rest der Nacht ist sie es, die immer dann zwischen Luke und mir steht, wenn er versucht, mir näher zu kommen. Vielleicht hat sie recht, vielleicht ist es besser so, weniger kompliziert und vor allem fair gegenüber Paul.

Aber trotzdem, jeder Blick von Luke, jedes Lächeln verursacht bei mir Bauchkribbeln, und ich bin mir fast sicher, dass ich es auch ohne das Bier, die Lichter und den Tequila spüren würde …

Gegen 05:00 Uhr morgens stehe ich mit zwei zerknitterten Marken an der Garderobe, hole unsere Jacken ab und sehe mich nach Marta um. Als ich sie nicht finden kann, gehe ich auf ein paar Leute unserer spontanen Gruppe zu, werfe mir meinen Mantel über und frage: »Hey, habt ihr Marta irgendwo gesehen?«

Einer der Jungs zeigt auf die Tanzfläche: »Du meinst, deine Freundin?«

Da tanzt sie, eng umschlungen und in einen Kuss vertieft. Mit Luke. Sie greift in seinen Nacken, lacht, als er ihr etwas ins Ohr flüstert, und erst als sie mein Gesicht sieht, bemerkt, wie ich ihre Jacke wortlos auf den Tresen neben mich lege und auf den Ausgang zusteuere, löst sie sich von ihm.

»Hey, wo willst du denn hin?«

»Dein Ernst?«

»Bist du sauer auf mich?«

»Dein E-r-n-s-t?«

»Okay, du bist sauer auf mich. Warum? Wegen – wegen Luke?«

»Marta, ich hab dir vor zwei Stunden gesagt, dass ich einen Crush auf ihn habe.«

»Ja, und ich habe dir gesagt, dass das keine gute Idee ist. Du kannst ja kaum ein paar Wochenenden nach deiner Trennung von Paul mit einem seiner Kumpels knutschen?« Sie hebt die Augenbrauen.

»Aber du schon?«

»Was habe ich denn damit zu tun?«

»Was?«

»Ich hab doch nichts mit der Sache zwischen Paul und dir zu tun. Und es ist auch nicht so, als hätte ich dir Luke irgendwie ausgespannt. Lina, ihr habt ein bisschen getanzt, wir haben ein bisschen getanzt und, okay, wir haben ein bisschen viel getrunken und eben kurz geknutscht. Aber das ist doch kein Grund, sich so aufzuführen, werd erwachsen …«

Damit lässt sie mich stehen. *Und heute wünschte ich, ich hätte es auch so stehen lassen. Ich wünschte, ich hätte an diesem einen Abend, ganz am Anfang unserer Freundschaft, schon erkannt, was für Marta unsere Freundschaft ausmachte, wofür sie sie wollte, brauchte, wofür sie sie nutzte.*

Nach ein paar Tagen entschuldigte sie sich bei mir. Und ich verzieh ihr, weil ich sie eigentlich sehr gernhatte, weil ich wirklich gern ihre Freundin sein wollte und ich ihr glaubte, wenn sie mich um Verzeihung bat. Sie fand eine Entschuldigung dafür, wenn sie mich vor anderen bloßstellte.

Sie fand immer wieder gute Gründe dafür, warum sie, wann immer ich sie wirklich brauchte, nicht für mich da sein konnte.

Sie fand, es sei purer Zufall, dass sie die Träume, von denen ich ihr doch gerade erst erzählt hatte, auf einmal zu ihren machte.

Egal, ob es um so etwas Banales ging wie ein Kleid oder einen Mantel, auf den ich noch sparte und den sie sofort kaufte, um ein geplantes Reiseziel, das sie dann zuerst besuchen musste, oder ob es irgendwann sogar um Dates oder unsere persönlichen Karrieren und Lebensziele ging: Sie wollte es entweder auch oder aber noch vor mir erreichen. (Spoiler: Eigentlich studierte sie ein ganz anderes Feld als ich, wollte in der Stadtverwaltung arbeiten, fing sogar dort an, aber in den nächsten Jahren unserer »Freindschaft« schrieb sie sich erst noch einmal für Jura ein, brach dann aber ab, wollte Bloggerin werden, wollte sogar zusammen mit mir an einem gemeinsamen Blog schreiben und schmiss schließlich alles hin, um es doch als Fotografin zu versuchen oder als Reisejournalistin, je nachdem, wohin auch ich mich bewegen würde …)

Manchmal hatte ich das Gefühl, dass Marta gar keine eigenen Träume hatte, sie hatte meine – und das, was sie antrieb, war, diese vor mir zu erreichen.

Es ist dabei aber nicht so, als wäre unsere Freundschaft für mich eine Qual gewesen, ein Zwang, gegen den ich mich nicht wehren konnte. Sie war nicht die böse Hexe und ich das unschuldige Dornröschen. Nein, ich hatte sie gern. Und sie mich auch. Gerade, weil wir uns trotz allem so nah waren, dauerte es so lange, um zu erkennen, wie sehr sie mir – oder wir uns – eigentlich schadeten.

Sie unterstützte mich, sie ermutigte mich, sie war oft an meiner Seite und freute sich für mich, wenn ich einen Erfolg feierte, aber eben nur so lange, wie ich sie nicht in den Schatten stellte, sie zu weit überholte, nur so lange, wie sie sich von mir angespornt, aber nicht übertrumpft fühlte.

Und wann immer das doch passierte – schoss sie mich ab. Entzog mir ihre Freundschaft, schmiss mir in einer langen E-Mail völlig neue und unerwartete Enttäuschungen um die Ohren, traf sich mit meinem Ex-Freund oder versuchte, einen Keil zwischen mich und meine anderen Freundinnen zu treiben. Marta brauchte mich die ganze Zeit am liebsten ganz nah hinter sich, denn besser zu sein als ihre beste Freundin, die sie wahrscheinlich sogar wirklich liebte, das war für sie die ultimative Bestätigung.

Ich hielt uns für Blair und Serena: Manchmal stritten wir uns, wir standen in permanenter Konkurrenz zueinander, manchmal verletzten wir uns, manchmal behaupteten wir, die andere nicht mehr zu brauchen, aber wenn es hart auf hart kam – liebten wir uns. Und um ehrlich zu sein, hielt ich das damals für die ultimative, tiefe Freundschaft. Aber wenn ich heute ehrlich bin, dann hatte ich irgendwann nur noch Angst vor dem Ende, denn wenn unsere Freundschaft schon manchmal so wehtun konnte, wie würde sich dann erst ein Bruch anfühlen?

Für ein Onlinemagazin schrieb ich ein paar Monate nach einem weiteren Streit zwischen uns, nachdem wir wieder einmal den Kontakt für einige Zeit abgebrochen hatten, eine Liste mit »roten Flaggen« auf, an denen man testen kann, ob man unter seinen Freunden vielleicht auch einen »frenemy« hat.

Ich habe die Liste noch – und ich finde, sie ist heute, mit ein bisschen Überarbeitung, noch genauso passend wie vor ein paar Jahren:

Woran du erkennst, dass du einen »frenemy« hast:

1) Sie ist immer dann glücklich, wenn du unglücklich bist. Das fällt dir vielleicht nicht sofort auf, eigentlich sieht es tatsächlich so aus, als wäre sie einfach nur liebevoll für dich da. Wenn du mit schwerem Liebeskummer auf ihrer Couch sitzt, wird sie dich auffangen, weil sie weiß, dass es ihr Punkte bringt und du sowieso gerade sehr viel kleiner als sie bist. Das werden die besten Momente eurer Freundschaft sein.
Diese Zuneigung lässt in der Sekunde nach, in der dir eine Reihe schöner Sachen passieren, die sie entweder nicht haben kann oder die nichts mit ihr zu tun haben ...

2) Dir geht es zu gut? Du hast gerade wirklich Erfolg? Dich neu verliebt? Du bist fast ein bisschen zu glücklich? Say no more. Dein frenemy ist da! Sie hat jeden Fehltritt und jedes Versagen deinerseits abgespeichert und immer parat, um dich zu erinnern und Verunsicherung zu streuen (»Aber denk daran, wie schrecklich und verletzt du dich gefühlt hast und wie ich dir wieder auf die Beine geholfen habe, als ...«).

3) Andere Freundschaften neben deinem Frenemy
sind verboten. Wundere dich bitte nicht, wenn
du freitags in einem Shitstorm stehst, nachdem
du donnerstags, ohne das vorher auch nur an-
zukündigen, mit einer anderen Freundin unterwegs warst.

4) Monatelang habt ihr euch täglich gehört, euch
alles erzählt und Voice Notes bis zum Rande des
Datenvolumens ausgetauscht, und jetzt bist du
froh, wenn du weißt, ob sie überhaupt noch in
derselben Stadt wohnt?
Dann wirst du gerade bestraft. Vermutlich,
weil sie die Freundin aus Punkt 3 noch nicht
überwunden hat. Oder generell gesagt: Der Ent-
zug von Information soll dir zeigen, dass du
es in ihren Augen gerade nicht wert bist, nah
an sie gelassen zu werden. Es soll dich verletzen und reumütig machen. Wahrscheinlich
funktioniert es sogar.

5) Queen of Passiv-Aggressiveness! Natürlich
solltest du dankbar sein, wenn sie überhaupt
mit dir kommuniziert. Es könnte auch sein,
dass du den Status eurer Freundschaft ausschließlich an den bissigen Memes und Non-
Mentions erkennen musst, die sie über die
sozialen Netzwerke für alle lesbar, aber ausschließlich an dich gerichtet streut.

6) Du wunderst dich mittlerweile nicht mal mehr,
dass sie nach dem Ende eurer Freundschaft

sofort engen Kontakt zu anderen ehemaligen Freundinnen von dir sucht? Dass sie am engsten und schnellsten mit den Menschen bondet, mit denen du vielleicht Streit oder eine Auseinandersetzung gehabt hast? Die Sache ist ganz einfach: *Your frenemy needs your enemies to control you.*

Die Sache mit solchen Listen? Es ist leicht, sie einfach Stück für Stück abzuhaken und all die negativen Punkte an einem anderen Menschen zu identifizieren, dann einen dicken roten Strich zu ziehen und zu sagen: »Jep, du bist toxisch, und dich muss ich loswerden.« Aber wie oft prüfen wir eigentlich, ob wir nicht vielleicht sogar selbst auf diese Liste gehören?

Die Sache mit den roten Flaggen? Es ist nicht so, dass wir sie immer erst hinterher verstehen oder erkennen würden. Es ist eher so, dass wir es ganz allein sind, die entscheiden, ob wir sie sehen und an ihnen haltmachen, oder ob wir sie lieber ignorieren wollen.

Ich glaube daran, dass es nicht darum geht, einzelne Personen als toxisch zu bezeichnen und dann aus unserem Leben auszugrenzen. Ich glaube daran, dass es Dynamiken gibt, in denen wir zu den unsichersten oder auch negativsten Versionen unserer selbst werden können. Und dass es in unserem Leben immer wieder Freundschaften oder Beziehungen geben wird, von denen wir genau fühlen, auch wenn wir es noch so sehr nicht wahrhaben wollen, dass sie uns nicht guttun und dass sie nicht nur eine Grenze, sondern vielleicht sogar ein Ende brauchen.

Aber was, wenn selbst das Ende – einfach nicht aufhört?

Martas und meine Freundschaft oder das, was auch immer noch von uns übrig war, würde sich noch über fast fünf Jahre ziehen, bis es mir endlich gelang, ein Ende zwischen uns zu bringen.

❖ ❖ ❖

Was ich mich in dieser Zeit immer wieder fragte: Warum lassen uns unsere frenemies nur so schwer los? Warum suchte Marta immer wieder die Versöhnung mit mir? Warum kehrte sie immer wieder zurück, wenn sie doch im nächsten Moment wieder jedem in unserem Dunstkreis erzählte, wie schlecht ich sie behandelte oder aber wie viel besser sie sich ohne mich in ihrem Leben fühlte?

Ich bekam von einer Freundin die ehrlichste Antwort darauf:

Sie tut das, weil sie insgeheim etwas von dir will. Etwas, das sie nicht hat. Sie wird immer wieder genau dafür zurückkommen und eure Freundschaft wiederaufleben lassen, aber sie wird sie genauso einfach wieder beenden können, wenn sie hat, was sie braucht. Und ich glaube, in Martas Fall ist das Bestätigung. Du bist die Einzige, die sie wirklich auf Distanz halten kann. Es gibt in jeder toxischen Beziehung den einen Menschen, der den anderen verletzt oder unfair behandelt. Und es gibt denjenigen, der sich so behandeln lässt. Ich glaube, so abhängig, wie Marta davon ist, immer wieder deine Träume an sich zu reißen, so abhängig bist du von dem Gefühl geworden, dass du noch immer kreativer, noch immer stärker, noch immer mutiger oder einfach gut genug für sie bist, damit sie sich immer wieder an dir inspirieren kann. Du fühlst dich von ihr zwar eingeengt und verletzt und hintergangen und sogar zutiefst enttäuscht, aber immer wieder scheinst

du eben auch abhängig von ihrer Bestätigung,
sonst würdest du sie ja nicht immer wieder und
wieder an dich heranlassen.

Du bist diejenige, die entscheidet, mit wem
sie befreundet sein will und welche Menschen du
um dich herum zulässt. Wir ziehen die Menschen
an, die wir auch selbst sind, weißt du. Und
vielleicht musst du den Teil von Marta, der auch
in dir steckt, endlich loslassen, damit du ein
neues Kapitel aufschlagen kannst.

#12

Die, die lernte,
mir zu vertrauen

Wie sagst du deinen Eltern, dass du dein Studium
abbrechen willst?

Das ist die Frage, auf die ich keine Antwort finde.

Wie sagst du deinen Eltern, dass du sie enttäuschen wirst?

Das ist die Frage, die mir eigentlich die ganze Zeit durch den
Kopf geht.

Wie konnte ich meinen Eltern sagen, dass ich Jura einfach nicht
mehr studieren wollte? Dass es mich nicht glücklich machte,
dass ich mir nicht einmal mehr vorstellen konnte, als Anwältin
zu arbeiten, dass ich erst vor ein paar Tagen in einer der Vorlesungen saß und mir vorgestellt habe, dass ich es doch durchzie-
he, dass das hier, dieser Stoff, diese Materie, doch mein Leben
sein würde – und dass mir von dem Gedanken so schwindlig
wurde, dass ich es nicht mehr im Saal aushielt, dass ich auf den
Flur lief und dort fast eine Viertelstunde einfach auf dem Boden
saß und die Kacheln an der Wand zählte, nur um mich auf irgendetwas anderes zu konzentrieren als die Enge, die ich fühlte?

Ich wusste, dass ich mit meinen Eltern sprechen musste. Ich wusste, dass ich so nicht mehr weitermachen konnte. Ich wusste aber auch, dass ein einfaches »Ich höre auf zu studieren« vor allem für meine Mutter nicht einmal für eine Sekunde eine Option sein würde. Dass ich mein Studium abbrechen wollte, dass ich aufgab, würde sie niemals hinnehmen. Und wenn ich ehrlich zu mir selbst war: ich auch nicht.

Ich wollte eine Uni besuchen, ich wollte einen Abschluss machen, ich wollte lernen, ich wollte nichts einfach nur abbrechen – *ich wollte neu anfangen.*

Also begann ich noch während des laufenden Semesters zu recherchieren, arbeitete mich durch Studiengänge, durch Kurslisten und Inhalte, hätte am liebsten Design mit dem Hauptfach Fotografie studiert, vielleicht auch Journalismus, aber in meinem Hinterkopf wiederholte sich immer wieder, was ich schon so oft gehört hatte: *Fotografieren, Schreiben, das kannst du nebenbei machen, das kann dein Hobby sein …*

Ich bleibe bei Mode- und Markenmanagement hängen, suche eine Hochschule heraus, an der ich nicht nur lerne, Design, Kunst, Schnitte, Mode und die Marken, die sie repräsentieren, zu verstehen, sondern gleichzeitig meinen Abschluss zur Marketingmanagerin, mit Schwerpunkten in Kommunikation und Vertrieb, machen kann. Und wenn ich ganz ehrlich bin, hatte ich außerdem von Absolventen gelesen, die danach zum Beispiel ins Verlagsgeschäft eingestiegen waren, in den Moderesorts der *Vogue* oder bei *Harper's Bazaar* arbeiteten. Vielleicht war dieses Studium also der perfekte Kompromiss, ich könnte danach als Einkäuferin einen sicheren und gut bezahlten Job finden, ich hatte die Option auf eine Karriereleiter, die in so viele Richtungen ging. Und eine davon könnte vielleicht ja sogar das Schreiben sein, zumindest war es nicht ausgeschlossen.

Ich fuhr zu den Orientierungstagen nach Hamburg, stellte mich in einem Interview vor, kam in die nächste Runde an Bewerbern, ich fertigte eine Mappe mit Arbeitsentwürfen an, schrieb Essays für die verschiedenen Kurse, die ich belegen wollte, und schließlich präsentierte ich mein erstes eigenes Portfolio. Zwei Wochen später bekam ich eine E-Mail. Eine Zusage. Ich schlug erst die Hände vor dem Mund zusammen, spürte die Euphorie in mir hochschießen – aber mit ihr auch das Adrenalin, das sich pochend im ganzen Körper ausbreitete.

Ich war angenommen, ich hatte einen neuen Studienplatz, eine neue Chance. Einen neuen Versuch. Und genau einen Monat Zeit, um es meinen Eltern zu sagen, um meine Zelte in Berlin abzubrechen, um nach Hamburg zu ziehen.

Ich war nicht die Erste in meinem ehemaligen Jahrgang, die ihr Studium abgebrochen – nein, gewechselt, so musste ich es formulieren, *gewechselt* – hatte.

Die Erste war Sonja gewesen. Nach nur einem Semester Chemie und Ingenieurtechnik hatte sie aufgehört, die Nachricht verbreitete sich wie ein Lauffeuer. Viele fanden, sie gab zu früh auf, andere bemitleideten ihre Eltern, die das Studium und den Umzug finanziert hatten, wieder andere fragten, warum sie denn nicht vorher gewusst hatte, was sie wirklich wollte. Sonja begann jetzt eine Ausbildung zur Physiotherapeutin und wollte sich zum neuen Wintersemester für ein Sportstudium bewerben. Ihre Eltern standen dabei vollkommen hinter ihr.

Dann gab es da noch die Geschichte von Jannik, der nach unserem Abi begonnen hatte, BWL an der Uni in München zu studieren. Als er im zweiten Semester durch alle Prüfungen flog, legte er alles auf Eis, bat um ein paar Monate Pause, um herauszufinden, ob das alles überhaupt das Richtige war. Seine Eltern entzogen ihm jegliche Unterstützung, brachen sogar den Kontakt zu ihm ab, bis er »wieder zur Vernunft kommen würde«.

Ich glaube, es gibt Sonjas Version, es gibt Janniks Version und dann doch Hunderte dazwischen. Es gibt so viele verschiedene Erwartungen, Hoffnungen, Spannungen oder Konflikte, wie es Familien gibt. Aber dieser eine Moment ist in jeder Geschichte, in der wir glauben, unsere Familie oder Menschen, die wir lieben, zu schockieren oder eben sogar zu enttäuschen, gleich. Es ist der, ganz kurz bevor du diese Worte sagst, wenn dein Herz nicht nur klopft, sondern regelrecht gegen dein Innerstes kickt und du nicht weißt, was jetzt als Nächstes kommt. Denn wenn du erst einmal gesagt hast, was du gerade herauszubringen versuchst, dann kannst du es nicht mehr wegwischen, dann musst du es meinen, damit sich wirklich etwas ändern, damit wirklich etwas neu anfangen kann.

»Mama, ich muss mit dir über mein Studium reden.«

Weiter komme ich nicht.

»Auf keinen Fall!«, unterbricht sie mich. »Auf keinen Fall sagst du mir jetzt, dass du es abbrechen willst. Das kommt nicht infrage.«

Ich merke, wie mein Mund trocken wird. Wie in mir noch immer Angst und Mut miteinander streiten. Noch könnte ich abwinken, noch könnte ich so tun, als hätte ich einfach nur Zweifel oder ein paar schlechte Wochen in der Uni gehabt.

»Doch«, bringe ich heraus. Mehr nicht. Ich spüre, wie meine Hände zu zittern beginnen, also verschränke ich die Arme vor meiner Brust, als würde ich mich an mir selbst festhalten.

»Du spinnst wohl!«

Das habe ich erwartet. Das sagt sie immer. Es ist wie eine Schockreaktion, die einfach aus ihr herausschnellt. Und gleich danach: »Ach, Lina, jetzt hör doch auf, woher kommt denn wieder diese fixe Idee? Brechen gerade ein paar deiner Freundinnen ab, und jetzt willst du da auch mitmachen? Willst du dir etwa dein Leben versauen?«

Ich atme tief durch, versuche mich nicht entmutigen zu lassen, nehme neuen Anlauf.

»Mama, bitte hör mir zu. Ich muss mit dir darüber reden, dass ich nicht mehr Jura studieren will. Und ich muss auch mit dir darüber reden, dass ich schon einen neuen Studienplatz habe.«

Dann warte ich ab. Spüre, wie mein Herzschlag sich ein wenig beruhigt. Und begreife: Das Schlimmste habe ich geschafft. Die Worte sind raus. Und was auch immer jetzt kommt, ich bin vorbereitet. Ich nehme die Mappe mit der Zusage, mit meinen Essays und Arbeitsproben in die Hand und reiche sie ihr.

»Bitte sieh es dir wenigstens an.«

Meine Mutter schlägt die Papiere erst wortlos auf, liest flüchtig über ein paar der Absätze. Dann klappt sie den Einband wieder zu. »Ich weiß nicht, was ich dazu sagen soll.«

Ich hatte einfach Angst um dich. Ich war so froh und so stolz, dass du dein Abi so gut gemacht hast, dass du immer wusstest, was du wolltest, dass du den Studienplatz bekommen hast, den du dir doch so gewünscht hattest, dass wir eine Wohnung für dich gefunden hatten – dass du sicher warst, dass ich mir keine Sorgen machen musste, zumindest nicht mehr, als ich es ohnehin immer

tue. Und gerade, als ich mich an alles Neue,
daran, dass du nicht mehr zu Hause wohnst, dass
du jetzt in Berlin lebst, dass du jetzt alleine
klarkommen willst oder musst, gewöhne – stelle
ich fest, dass ich mich doch hätte viel, viel
mehr sorgen sollen, dass du nicht glücklich
bist, dass unser Plan nicht aufgeht. Und das hat
mir einfach für einen Moment die Sprache ver-
schlagen.

Das erzählt mir meine Mama Jahre später, als wir über den Moment sprechen, in dem sie mich in der Küche stehen lässt und
irgendwie nicht wahrhaben will, was ich ihr zu sagen versuche.

Und zum ersten Mal begreife ich, wie oft es ihr nicht darum ging, mich einzuschränken oder zu kontrollieren oder mir
irgendetwas zu verbieten, sondern auf mich aufzupassen, dafür
zu sorgen, dass ich sicher war. Als ich von meiner Oma lernte, wie man auf Bäume kletterte, war es meine Mama, die rief:
»Was, wenn du herunterfällst?«, als ich reiten lernen wollte, hatte sie Angst, dass ich mich verletzen könnte, »Was, wenn du
stürzt …?«, als ich mit meiner Freundin in den Sommerferien
allein nach England reiste, war ihr erster Einwand: »Was, wenn
euch da etwas passiert?«

Und immer wieder antwortete ich: »Was, wenn ich nicht
falle, was, wenn ich nicht stürze – was, wenn mir die schönsten,
neuen, aufregenden Dinge passieren?«

Für meine Mama bedeutete jeder Sprung meinerseits aus
dem Nest, aber auch aus ihrer Komfortzone, dass ich vielleicht
fallen könnte, für mich war es der Versuch, zu fliegen. Und ich
flatterte so oft. Und so oft gegen Türen, Scheiben, so viele Hin-
dernisse, bis ich es irgendwann dahin schaffte, wo ich mich frei
fühlte.

»Immer sorgst du dich um mich, immer sagst du mir, was ich noch nicht kann, immer erzählst du mir nur, was alles schiefgehen könnte, kannst du mir nicht einfach mal vertrauen? Oder an mich glauben?«, warf ich ihr irgendwann sogar einmal entgegen.

»Natürlich glaube ich an dich!«, antwortete sie. »Ich will das Beste für dich, ich will, dass du glücklich bist!«

»Aber ich habe doch nur dann eine Chance, glücklich zu werden, wenn ich versuchen darf, herauszufinden, was mich glücklich macht!«

»Natürlich! Aber du stellst dir das so einfach vor. Und das ist es nicht. Das Leben ist so oft schwer genug für die, die den sicheren oder den einfachen Weg gehen, und du, du willst immer den nehmen, der so schwierig erscheint oder den du dir überhaupt erst noch bahnen musst. Und ich kann dir nur dabei zusehen und hoffen, dass du schon irgendwoher wissen wirst, wohin du deine Schritte setzt.«

Es dauert damals einen halben Tag. Dann steht sie in meiner Zimmertür. Mit meiner Mappe in ihrer Hand. »Hast du das hier drin alles gemacht?«, fragt sie. »Sind das deine Fotografien? Und deine Texte?«

»Ja«, antworte ich.

»Hm«, macht sie. »Dann lass uns runtergehen und mit Papa sprechen.«

Danke, Mama, dass du gelernt hast, mich irgendwann einfach fliegen zu lassen.

Und dass du darauf vertrauen kannst, dass ich immer, immer wieder nicht nur meinen eigenen Weg finde – sondern auch wieder zurückfinde.

#13

Die, die mich forderte

In jedem Studiengang gibt es diesen einen Kurs (okay, manchmal sind es sogar zwei oder drei), von dem du ganz genau weißt, dass du ihn in ein paar Semestern, spätestens aber im Job, kaum brauchen wirst.

Es sind die Kurse, die du bestehen willst, am besten so gut wie möglich, weil sie letztendlich mit in deinen Notendurchschnitt zählen, aber wenn du ehrlich bist, hast du den Stoff, den du für die Abschlussprüfungen gelernt hast, genauso schnell wieder vergessen, wie du ihn dir ein paar Tage zuvor noch in dein Gedächtnis gezwungen hast.

In meinem Fall war das im Moment: Volkswirtschaftslehre.

Wikipedia sagt dazu: *Die Volkswirtschaftslehre beschäftigt sich auch mit menschlichem Handeln unter ökonomischen Bedingungen, das heißt mit den Fragen, wie menschliches Handeln ökonomisch begründet werden kann und welches Handeln den größtmöglichen Nutzen für den Einzelnen oder eine Gemeinschaft bri...* Seid ihr ausgestiegen? Ja. Ich auch.

Ich studiere endlich Design. Ich darf endlich die Dinge lernen, die mir dabei helfen, meine Träume zu verwirklichen. Hatte ich zumindest gedacht. Dann kam VWL, ein Pflichtkurs in meinem Studium, an dem ich nicht weniger Interesse hätte haben können. Sicher, grundsätzlich zu verstehen, wie Ökonomie funktioniert, das war wichtig, aber warum genau sollte die Gesundheitsökonomie, also die Produktion und Verteilung von Medikamenten oder der Aufbau unseres Gesundheitssystems, irgendeinen Einfluss – und dann auch noch in grauer Theorie – auf meinen späteren Job *in der Modebranche* haben?

Alles, was der Kurs für mich bedeutete, waren eine Mindestanwesenheitspflicht, eine mündliche Prüfung und eine Hausarbeit. Letztere hatte ich vor einer Woche abgegeben. Ich hatte nicht wirklich viel Interesse, Zeit oder Gedanken investiert, aber zu schreiben, Seiten zu füllen und Zusammenhänge zu verstehen, das fiel mir leicht. Und so tat ich genau das, was *wirtschaftlich* war, ich investierte genau so viel Zeit, wie es brauchte, um diesen Kurs mit einer ordentlichen Punktzahl zu bestehen. Ich hatte mein Thema gründlich recherchiert, es in der Mindestwortanzahl sauber von allen Seiten beleuchtet und durchdiskutiert, all meine Quellen sorgfältig geprüft und mich an alle Vorgaben meiner Dozentin gehalten. Ich erwartete 13 von 16 oder vielleicht 12 von 16 Punkten.

Ich bekam 8. A-c-h-t- Punkte.

Sieben brauchte man, um den Kurs zu bestehen, und meine sorgfältig ausformulierte Hausarbeit, abgegeben innerhalb aller Fristen, hatte gerade mal einen Punkt mehr bekommen? `Das Thema der freien Marktwirtschaft wurde befriedigend beleuchtet.` Mehr stand nicht in meiner Beurteilung.

In der Mittagspause suche ich das Gespräch mit meiner Dozentin, die noch im Kursraum einige Unterlagen durchsieht, während der Rest meiner Kommilitonen längst in der Cafeteria sitzt.

»Frau Mutzke? Hätten Sie einen Moment für mich?«, frage

ich und lege, als sie nickt und zu mir aufsieht, meine Arbeit auf die Tischplatte.

»Ich würde gern wissen, warum meine Hausarbeit nur 8 Punkte bekommen hat.«

»Einen Moment …«, antwortet sie, blättert durch einen Stapel Papiere, stoppt dann und zieht einen Bewertungsbogen mit meinem Namen heraus. »Gut, dass du mich darauf ansprichst. Ich glaube, das ist genau der richtige Moment, um mal ein bisschen über deine Leistung in meinem Kurs zu sprechen.«

»Meine Leistung?«

»Lina, diese Arbeit war nicht das, was du leisten kannst. Komm, setz dich doch einen Moment …« Sie deutet auf den Stuhl vor sich, aber ich bleibe stehen.

»Ich habe mich genau an alle Vorgaben gehalten, ich habe mein Thema beleuchtet. Ich habe mich dabei exakt an das Kursskript gehalten, und ich habe …«

»Ich sage auch nicht, dass die Fakten deiner Arbeit nicht gestimmt haben oder du sie unsauber abgegeben hast.« Sie deutet noch einmal auf den Stuhl. »Du hast deine Arbeit ordentlich recherchiert, du hast sie verständlich und nachvollziehbar diskutiert. Aber das war es dann auch schon.«

Ich setze mich. »Ich verstehe nicht ganz, wo das Problem ist?«

»Du hast dir das leichteste Thema herausgesucht, freie Marktwirtschaft. Das Thema haben wir im Kurs ausführlich besprochen, und auch im Skript wurde es bis ins Detail behandelt. Das hat es dir leicht gemacht, die verschiedenen Quellenaussagen und Argumente einfach zu kopieren, in deine Arbeit einzufügen und als Zitate zu kennzeichnen. Das hast du ja auch sauber gemacht. Mit den vielen Zitaten hast du dann außerdem die Mindestwortanzahl geschafft. Und genau das ist der Punkt, warum deine Arbeit für mich lediglich 7 Punkte verdient, und dann noch einen Extrapunkt für die ordentliche und rechtzeitige Abgabe.«

Ich sehe sie mit zusammengezogenen Augenbrauen an und zucke mit den Schultern. Sicher, ihre Ausführungen stimmen, aber was haben sie mit der Endnote zu tun?

»Du hast *dein* Minimum getan, Lina. Nicht mehr und nicht weniger. In dieser ganzen Hausarbeit finde ich nicht einen einzigen Gedanken von dir. Ich weiß, dass du den Stoff verstehst, ich sehe, dass du ihn einwandfrei wiedergeben kannst. Aber das ist auch schon die minimale Anforderung und alles, wozu du in dieser Arbeit bereit warst. Du kennst das Skript, aber es interessiert dich nicht. Du gibst es korrekt wieder, aber das ist am Ende ja auch nur ein einfaches Kopieren und Einfügen. Du hast bestanden.«

»Aber ist das nicht genau das, was ich in diesem Kurs lerne? Wirtschaftlich zu denken und mit einer sinnvollen Investition das gesteckte Ziel zu erreichen?«, frage ich sarkastisch und schüttle den Kopf.

»Rein wirtschaftlich betrachtet, ist es das Ziel, diesen Kurs zu bestehen – und das hast du ja«, antwortet sie und sucht meinen Blick. »Ich sehe dein Potenzial, Lina, ich sehe, was du wirklich leisten könntest … und ich will dich anspornen.«

Ich hasste diesen Satz – so sehr. *Ich will dich anspornen* – mit einer schlechten Bewertung? Im Ernst?

»Danke, ich möchte aber nicht angespornt werden für einen Kurs, der später den geringsten Einfluss auf meine eigentliche Karriere haben wird. Ich möchte mich auf die Kurse konzentrieren, die mich wirklich weiterbringen, und in allen anderen möchte ich einfach fair bewertet werden«, sage ich wütend.

Frau Mutzke nickt. »Für dich ist der Stoff in diesem Kurs nicht relevant, ich verstehe das schon. Und am Ende hattest du ja nicht einmal die Wahl, ihn zu belegen oder auszulassen, er ist leider Pflicht. Also lässt du ihn an dir vorbeiziehen, schreibst für die Hausarbeit das Skript ein bisschen um und lernst es für die Prüfung auswendig. Stimmt's?«

»Es ist nun einmal nicht der einzige Kurs in diesem Studium. Und ich verstehe nicht, was falsch daran sein soll, wenn ich mich auf die Fächer konzentriere, die für mich später auch einen Schwerpunkt haben werden, und weniger Interesse in die gebe, die mich ehrlich gesagt nur langweilen und quälen. Warum soll ich mich auf etwas konzentrieren, das mir mehr Energie nimmt, als es mir gibt?«

»Gesprochen, als wäre das der Slogan der Millenial- und der Generation Z. Warum soll ich mich mit etwas beschäftigen, das mir nicht den ganzen Tag leichtfällt? Warum soll ich mich durch ein Buch quälen, das mir keinen Spaß macht? Warum soll ich etwas tun, das für mich keinen direkten Nutzen hat? Ist das alles, worauf es ankommt? Ist das, wie wir wachsen wollen? Nicht nur als Wirtschaft, sondern als Menschen? Als Individuen? *Love it, change it, or leave it* – als Sinnspruch für puren Egoismus? Für Wegwerfwirtschaft? In der jede weite Perspektive verkleinert bzw. *gehackt* und heruntergebrochen wird auf: Was mir nichts bringt, kann weg? Oder um es mit Marie Kondo zu formulieren: *Does it spark joy?* Wie wäre es stattdessen mit: *Does it spark growth?* Vielleicht kannst du hier ja lernen, dass es auch mal wichtig ist, etwas durchzuziehen, sich durch etwas zu quälen, ein Hindernis zu überwinden, statt einfach drum herumzulaufen. Ein Ziel zu erreichen, das Kraft gekostet hat – das Gefühl, etwas erfolgreich zu beenden.«

Jetzt ist es Frau Mutzke, die verärgert klingt. Sie atmet tief durch und sieht mich eindringlich an. »Du findest also, dass Volkswirtschaftslehre nichts mit Mode zu tun hat, mit Markenmanagement oder deiner Karriere. Okay. Alles, was ich gerade aufgeführt habe, der mentale Trend, dass wir zurücklassen, abbrechen, was uns nicht glücklich macht, dass wir in nichts investieren, das sich für uns nicht direkt auszahlt, meinst du wirklich, dass er keinen Einfluss auf unsere globale Wirtschaft hat? Dass unsere Ökonomie nicht auf ihren Konsumenten, auf sein Verhalten, auf seine Wünsche oder seine Bedürfnisse reagiert?

Wir werden schneller, die Inhalte, die wir online konsumieren, werden immer schneller, wir sind permanent unterwegs, gestresst, niemand hat mehr Zeit – und auf einmal boomt Starbucks, überall gibt es Coffee to go statt einen Cappuccino im Straßencafé. Das verursacht in seiner Menge mehr Müll, das verursacht eine Belastung für den Planeten, die ökologische Wirtschaft schlägt Alarm, versucht, Einfluss auf unser Konsumverhalten zu nehmen, unser Verhalten reagiert, wir kaufen wiederverwendbare Thermobecher, erschaffen damit einen neuen Markt, der aber nur so lange lebt wie unser Interesse daran, den Planeten zu schützen. Leider vorrangig ein Trend, der nicht wachsen kann, weil unser natürliches Verhalten, unser *entitlement*, eben auch jener Satz *Love it, change it, or leave it*, dieses Bedürfnis, sich für nichts mehr einschränken, anpassen oder anstrengen zu müssen, das in der breiten Masse angekommen ist, es beinahe unmöglich macht, ein Umdenken, einen Verzicht zugunsten unseres Planeten einzuleiten. Das ist die harte Wahrheit.

Statt Winter- oder Sommersaisons in der Mode verkürzen die großen Designer auf Cruise Collections und kurzfristige Kollaborationen. Retailer wie H&M reagieren auf unsere Sehnsucht nach immer neuen Kauferlebnissen, die Serotonin und Endorphine ausschütten sollen, bringen mittlerweile bis zu zwölf Kollektionen im Jahr heraus statt wie noch vor zehn Jahren gerade einmal vier.

Du willst eine Marke aufbauen? Du willst Trends verstehen, wissen, woher sie kommen? Dann musst du tiefer in die Themen hineingehen, dann musst du bereit sein, in alle Bereiche unseres Lebens zu schauen, statt sie nur oberflächlich anzufassen: Wie hängen wir zusammen, was treibt uns an, was stößt uns ab, was fordert uns heraus, wonach sehnen wir uns, worin finden wir einen Nutzen, und wie reproduzieren wir ihn? Kein Trend ist mehr nur eine Farbe oder ein Stoff. Ein Trend ist ein globales Gefühl … ausgelöst durch so viele verschiedene, auch wirtschaftliche Faktoren, die sich gegenseitig beeinflussen.

Dieser Kurs hier, der könnte für dich so viel mehr sein als nur eine Note. Vielleicht ja eine Inspiration, dass der Wert einer Sache manchmal erst dann sichtbar wird, wenn wir die Zähne zusammengebissen und durch einen Konflikt gegangen sind. Wer weiß, vielleicht gar erst in zehn Jahren.

Alles, was ich sagen will, ist: Finde Inspiration in deinem Studium, such nicht nach dem perfekten Abschluss, lass es nicht nur an dir vorbeiziehen wie etwas, das du hinter dich bringen musst, geh tiefer.«

Spoiler:

Am 01. April 2014 schließe ich mein Studium ab. Ich habe Volkswirtschaftslehre bis zum Schluss belegt, am Ende freiwillig. Frau Mutzke ist in den verbliebenen vier Semestern zu einer Art Mentorin für mich geworden, forderte mich, spornte mich an, noch mehr zu lernen, noch mehr zu lesen und mein Wissen wirklich anzuwenden. Diese Ansprache, die sie mir nach einer faulen Abgabe gehalten hat, habe ich nie wieder vergessen. Ich lernte in ihren Kursen nicht nur, Wirtschaftstheorien zu verstehen, ich lernte zu beobachten, ich lernte zu interpretieren, ich lernte, Zusammenhänge zu verstehen und sie zu formulieren.

Ein paar Jahre nach meinem Abschluss fragt sich meine ganze Generation, warum wir alle so *beziehungsunfähig* sind, warum unsere Dates abbrechen, warum nichts mehr hält, warum niemand mehr investiert. Warum alle nur noch – auch Liebe, auch Menschen – konsumieren.

Und ich beschließe, genauer hinzusehen, ich beschließe, nach dem großen Ganzen zu suchen, mich durch die schweren Fragen hindurchzubeißen, statt sie nur oberflächlich zu bewerten und ein paar Schuldige zu finden (Instagram! Die sozialen Medien! Alle anderen!), ich beschließe, darüber zu schreiben.

Am 08. April 2020 erscheint mein erstes Buch – schnell.liebig.
Es wird ein Bestseller.
Und ich muss an Frau Mutzke denken, daran, dass ein simpler Pflichtkurs, der keinerlei Einfluss auf meine Karriere haben würde, die Inspiration für mich war – tiefer zu gehen.

#14

Die, die meine
erste Chefin war

Die Tür fiel krachend hinter ihr ins Schloss.
»Morgen!«, dröhnte es durch die Flure, während
der Parkettboden unter ihren schnellen Schritten knirschte.

»Morgen – kein guter Morgen, nur ein Wort,
kein Satz«, flüstere ich über den Schreibtisch.

»Aber immerhin ein Wort. Wenn sie sofort im
Büro verschwindet und hinter sich abschließt,
dann ist es wirklich übel.«

Hellen und ich überkreuzen unsere Finger, und
ich kneife ein Auge zu. Mittlerweile war das zu
unserem Ritual geworden. An ihrer Stimme konnten
wir meistens ablesen, wie unser Arbeitstag sich
entwickeln würde. Wenn sie jetzt, nachdem sie
sich einen Kaffee aus der Küche geholt hatte,
zumindest noch kurz bei uns hereinschauen würde,
war das ein gutes Zeichen. Alles andere …

»Lina? Hellen?«, schallt es.

Ich sehe meine Kollegin fragend an, aber die
zuckt nur mit den Schultern und schüttelt nervös den Kopf. In zwei Schritten sind wir in der
Küche.

»Guten Morgen, Anja ...«, antworten wir beide.

Sie hält einen frischen Milchkarton nach oben. Pflanzenmilch, erst gestern hatte ich sie gekauft.

»Ja ...?«, frage ich vorsichtig.

»Ich nehme an, du kannst lesen.«

»Das ist Mandelmilch.«

»Und ich habe euch gebeten, dass ihr welche Milch für mich kauft ...?«

»Hafermilch, das weiß ich, aber ...«

»Kein Aber.«

»Tut mir leid Anja, aber als ich gestern zum Supermarkt gelaufen bin, gab es keine Hafermilch mehr.«

»Und ich nehme an, das war der einzige in ganz Hamburg, der gestern offen war?«

Sie schüttelt den Kopf und drückt sich an uns vorbei. Noch bevor ihre Bürotür ins Schloss fällt, ruft sie: »Hellen, um 10 Uhr Präsentation für Ford, keine Fragen, nur Lösungen.«

Ich wünschte, diese Szene wäre nur ein Stilmittel für dieses Kapitel, ich wünschte, ich hätte sie vollkommen frei erfunden oder einfach nur aus dem Film kopiert, der seit mehr als einem Jahrzehnt eine der bösartigsten Chefinnen porträtiert, die man sich vorstellen kann. (Anja erfüllte beinahe alle Kriterien, nur Prada trug sie nie.) Das hier, das war keine Fiktion, es war ein ganz normaler Freitag, der eigentlich noch gar nicht angefangen hatte ...

Es war mein erster Job nach dem Studium. Ich hatte kurz vor dem Abschluss ein sechsmonatiges Praktikum bei der *Gala* absolviert und es geliebt. Die meisten meiner Kommilitonen waren zu großen Modehäusern und Brands gegangen, um dort im Einkauf erste Erfahrungen zu sammeln. Ich hatte mich damals bei Kaviar Gauche beworben und sogar eine Zusage bekommen – aber als die *Gala* mich dann zu einem zweiten Gespräch einlud und mir die Stelle anbot, wusste mein Bauchgefühl genau, wofür ich mich entscheiden würde. Und ich würde es immer wieder ganz genauso machen.

So viel Druck lastet auf deiner ersten großen Praktikumsphase kurz vor Ende deines Studiums. Die meisten erhoffen sich einen Jobeinstieg, vielleicht sogar schon einen Vorvertrag, um direkt nach den letzten Prüfungen in den Job einzusteigen und einen fixen Plan für das »Danach« zu haben. Und nicht wenige entscheiden sich deswegen nicht für das Praktikum, das ihnen wirklich Spaß machen würde, sondern für das, das ihnen auch *etwas bringen* könnte. Aber was genau heißt das eigentlich?

Eine Sache, die das Praktikum dir wirklich zeigen soll (das war vielleicht die größte Lektion, die ich noch aus meinem Jurastudium mitnahm), ist, wie der Job aussehen kann, auf den du da gerade hinarbeitest. Ein Praktikum soll dir neue Einblicke, aber auch Erfahrungen mitgeben, es soll deinen Horizont erweitern, dich manchmal aber auch mit den Tatsachen konfrontieren. Wenn es der Einstieg in den Job ist: großartig! Wenn du danach zumindest weißt, was du nicht willst: nicht weniger wichtig.

Nicht einmal eine Woche hatte es gedauert, bis ich mich bei der *Gala* als Teil des Teams fühlte. Mit meiner Kollegin Sabina, die als *intern* für das Beautydepartment eingestellt wurde, teilte ich mir die Mittagspausen und den Heimweg, nach nur einem Monat wurde meine erste by-line gedruckt, was bedeutet, dass mein Name als Redakteurin neben einem Artikel stand (ich habe die Ausgabe noch immer). Einmal wöchentlich durfte ich die Bildunterschriften auf einer der *Shop the look*-Seiten texten. Sicher, es gab auch Tage, an denen ich lediglich das Archiv neu katalogisierte oder Lookbooks, die wir noch in Papierform bekommen hatten, für mein Team digitalisierte und in unsere Cloud lud, manchmal half ich nach einer Produktion dabei, die ausgeliehenen Outfits wieder an die Kunden zurückzuschicken oder organisierte ihre Abholung. Aber die meiste Zeit? Durfte ich tatsächlich am Magazin mitarbeiten. Kaffee kochte ich nur, wenn die Kanne leer war und ich den letzten Schluck nahm, das war die Regel.

Dieses Praktikum bei der *Gala* ist ein Grund dafür, warum ich heute schreibe, war eine so wichtige Erfahrung für mich, auch wenn es nur drei Monate dauerte und ich danach nicht mitten im Verlagsgeschäft der Modewelt, sondern wieder draußen, vor der großen Drehtür von Gruner + Jahr stand.

»Weißt du, Lina ...«, sagt er, als wir uns für mein Abschlussgespräch zu einem Mittagessen treffen. Er, das ist mein Chef, der damals noch Leiter des Moderessorts war, aber mittlerweile stellvertretender Chefredakteur ist. »Du kannst schreiben. Du kannst sogar noch viel mehr als nur Bildunterschriften schreiben. Und wenn ich könnte, würde ich dir eine Stelle anbieten oder dich mit irgendjemandem vernetzen, der eine Stelle hat, es ist nur so: Es gibt gerade keine. Vielleicht in ein paar Monaten wieder.«

Die Jobs in Hamburg oder München konnte man sich an weniger als zehn Fingern abzählen. Hier in Hamburg gab es zu diesem Zeitpunkt fünf Zeitschriften, die mit festen Mitarbeitern und einem Ressort für Mode arbeiteten, in München noch einmal vier weitere. Das waren neun Stellen für eine Assistenz. Und alle von ihnen waren besetzt.

Ich nickte, natürlich verstand ich. Natürlich war ich trotzdem enttäuscht.

»Du hast doch da diesen Blog – oder?«

»Ja, aber das mache ich ja nur so nebenbei …«

Es stimmte, seit ein paar Monaten schrieb ich an einem eigenen Blog, ich lud dort Texte, aber auch immer wieder meine Fotografien hoch, manchmal auch einfach nur ein Bild von meinem Outfit oder einem Alltagsmoment.

Ich hatte die alten Kameras meines Opas schon vor längerer Zeit wieder herausgekramt. Eigentlich hatte ich nie aufgehört zu fotografieren, während meines Studiums hatte ich mir immer wieder als Hochzeitsfotografin Geld dazuverdient oder war manchmal noch für Reportagen bei unserem Lokalblatt eingesprungen.

Aber jetzt versuchte ich mich zum ersten Mal an inszenierten Shootings, blätterte in meiner Freizeit stundenlang durch die Bildbände von Peter Lindbergh, Mario Testino, Rankin oder Tim Palmer, ich bewarb mich heimlich bei ein paar Modeagenturen in Hamburg und shootete dort unbezahlt die Setcards für junge Models. Klar, das war keine wirkliche Karriereoption, aber ich liebte es, und irgendwie hielt es den Traum am Leben, vielleicht mal mit meinen Bildern Erfolg zu haben. Auch wenn niemand wirklich an ihn glaubte, nur ich selbst manchmal.

Vor meinem Chef zuzugeben, dass ich bloggte, zu wissen, dass er offensichtlich sogar gesehen hatte, was ich so postete, war mir fast peinlich. *Blogger*, das war (und ist) in der Modebranche und unter Redakteuren schon fast eine Art Schimpfwort. *Zu jung, zu naiv, geschmacklos oder schrill angezogen, spekulieren darauf, in der ersten Reihe einer Show zu sitzen, von der*

*sie nicht einmal den Namen des Designers buchstabieren können,
und hoffen, dabei gesehen zu werden, anstatt wirklich die Mode
zu sehen ...,* hatte eine Chefredakteurin mal geschrieben. Und
es ist nicht so, als würde sie komplett danebenliegen – aber
es war eben auch nicht immer richtig. Warum sollte eine Job-
bezeichnung einfach so als Bewertung dafür stehen, ob ich das,
was ich tue, gut oder schlecht mache? Warum glaubten fremde
Menschen, die noch nie auch nur ein Wort von mir gelesen
oder einen anderen Teil meiner Arbeit gesehen hatten, dass sie
an der Bezeichnung *Blogger* schon entscheiden konnten, ob ich
den Moment ihrer Aufmerksamkeit überhaupt wert war? Es
gab gute Redakteure, und es gab ziemlich miese. Und das galt
eben auch für Blogger.

Das war zumindest das, was ich dachte und was ich später
auch laut sagen würde. Aber hier, bei diesem Mittagessen, gehe
ich fast ein bisschen in Deckung.

»Mach damit weiter«, sagt er zu meiner Überraschung. »Und
das meine ich ernst. Hör nicht auf zu schreiben und hör nicht
auf, das zu machen, was dich inspiriert. Geh deinen Weg weiter,
auch wenn er jetzt gerade noch nicht zum Job oder zum Ziel
führt. Du weißt nie, welche Möglichkeiten sich mal auftun.«

Wann immer ich in den nächsten Jahren meinem
ehemaligen Chef auf Events oder sogar in Hamburg
über den Weg laufe, würde ich ihm am liebsten
sagen, dass es auch sein Satz war (ich weiß, dieses Buch heißt 30 Women, aber hey, ich muss ihn
in diesem Kapitel einfach kurz erwähnen), an dem
ich mich ein bisschen festgehalten habe. Dass es
für ihn nur ein kurzes Mittagessen und ein paar
nette Worte zum Abschied für eine von so vielen
Praktikanten waren, an die er sich sicher längst

nicht mehr erinnern kann, ist sehr wahrscheinlich – aber für mich haben sie gezählt.

»Ja, das ist ja auch alles gut und schön, und natürlich sind Papa
und ich stolz darauf, dass du so ein tolles Feedback bekommen
hast. Aber davon kannst du nicht leben. Und von diesem Blog ja
auch nicht. Du brauchst einen festen Job mit einer Zukunft. Du
hast ja nicht Mode und Management studiert, um jetzt rum-
zusitzen und Däumchen zu drehen und darauf zu warten, dass
irgendeine Zeitschrift dich als Assistentin anstellt. Was machen
denn deine Kommilitonen so?«

Das ist der Satz, der mich zurück zum Anfang dieses Kapi-
tels bringt. Natürlich von meiner Mutter, natürlich ist die Be-
sorgnis, die vermutlich jedes Elternteil fühlt, wenn das Kind
das Studium beendet und das *Danach* noch vollkommen un-
geklärt ist, nur verständlich. Um die »*… und was wird jetzt?*«-
Diskussion vor mir herzuschieben, hatte ich meine Mutter
in unseren Telefonaten immer wieder hingehalten und damit
vielleicht auch mich selbst. Aber jetzt hatte ich meinen Abschluss – und bis auf die ersten Jobs, die über meinen Blog
hereinkamen, noch immer keine Karriere im klassischen Sinne
in Aussicht. Und vielleicht war das genau das Druckmittel, das
es gebraucht hatte, um mich die Stelle in dieser Agentur annehmen zu lassen.

»Es ist ja nicht so, als würdest du gar nichts mehr mit Mode und
Kunst oder dem Schreiben zu tun haben. Du schreibst ja jetzt
auch Texte«, hatte meine Freundin mich aufgemuntert, als ich
nach der ersten Woche im Büro meistens nur niedergeschlagen
nach Hause gekommen war.

»Ja, Newsletter oder irgendwelche kurzen Absätze, um bei den Redaktionen anzuklopfen … und die meiste Zeit arbeite ich nicht mal mit irgendwelchen Modelabels zusammen, sondern versuche, deutschen Prominenten ein Interview mit irgendeinem Magazin zu verschaffen, bei dem sie dann beiläufig über ihr neues Auto sprechen, das unser Kunde ihnen geschenkt hat. Das ist vollkommen absurd.«

»Na ja, immerhin ist deine Chefin genauso furchtbar wie Miranda Priestley, vielleicht musst du da einfach nur ein Jahr durch, und dann kannst du dich mit mehr Erfahrung und dieser Referenz auf ganz andere Jobs bewerben.«

Da ist sie, die moderne Lüge, die sich junge Frauen gegenseitig erzählen, wenn sie in einem wirklich miesen Job, in einem unbezahlten Praktikum oder auszehrenden Volontariat feststecken.

Wir glauben fest daran, dass dieser erste miese Job nur eine harte Prüfung ist, durch die alle irgendwie durchmüssen, dass viel Stress im Büro und ständig drängelnde und sich türmende Deadlines nur bedeuten konnten, dass wir in einem erfolgreichen Team arbeiteten, und nicht zuletzt, dass laute oder durch die Räume wütende Chefs, die uns manchmal verbal genauso abschossen wie eine »falsche« Meinung im letzten Meeting, eigentlich unsere Bewunderung verdienten, weil sie es sind, die dieses Unternehmen, diese Agentur oder diese Marke leiten. Vor allem aber, weil sie für uns, die gerade erst in einen Beruf einsteigen und diese Welt, gerade die in der Mode, eben doch nur aus Filmen wie *Der Teufel trägt Prada* kennen, mit ihrer Exzentrik, mit ihrer Aggression, aber auch mit ihrem Biss und ihrem Einfluss, dem Fakt, dass kaum jemand ihnen auf ihrem Weg auch nur widerspricht, puren Erfolg verkörpern.

Ich meine, es gab eine Zeit, in der die beliebtesten Praktikums-plätze in der Modebranche die waren, die mit Abstand die mie-sesten Bedingungen und mindestens einen gefürchteten Ruf hatten. Wer das durchhielt – der konnte offenbar etwas. Und das hieß dann eben: 60 Stunden in der Woche unbezahlt in einer fremden Stadt arbeiten, immer zur Verfügung stehen, sich nie beschweren, nie Fehler machen, am Druck fast zerbrechen, sich für diesen Platz eigentlich sogar noch verschulden (woher soll das Geld für die Miete denn auch kommen, wenn du Tag und Nacht, ohne irgendeinen Cent zu verdienen, in einer teu-ren Großstadt oder vielleicht sogar noch im Ausland beweisen willst, dass *etwas in dir steckt?*). Vollkommen fertig, mental aus-gelaugt wieder aus einem Praktikum herauszufallen, das war so was wie ein Ritterschlag, für den man sich eigentlich nur be-danken konnte.

Eigentlich ist es völlig egal, in welchem Job wir unsere Karriere starteten, es scheint noch immer, auch in 2022, beinahe vorher-bestimmt, dass wir irgendwann mal auf sie stoßen würden: die Vorgesetzten, die Autorität mit Arroganz und Stärke mit feind-seliger Schärfe verwechseln.

Und einer der Gründe, warum es wohl auch in Zukunft im-mer noch so bleiben wird: Beinahe jeder fand Miranda Priestley zwar anfangs furchtbar als Chefin, kritisierte sie für ihren herab-lassenden Umgang mit ihrem Team, bewunderte sie aber trotz-dem insgeheim. Anna Wintour, die als Chefin der US-*Vogue* als Vorlage für die Figur Miranda diente, wurde mit dem Film zu einer nur noch größeren Ikone gemacht. Sie ist weiterhin, oder vielleicht sogar mehr denn je, ein *goal* für viele, die noch im-mer glauben, dass eine gefürchtete, eiskalte und egomane Frau immer auch eine starke Frau mit einer noch stärkeren Karriere verkörpert.

Vielleicht, weil in vielen Chefetagen noch immer das vollkommen verschobene Bild festhängt, dass eine Frau noch härter arbeiten muss als jeder Mann, um sich zwischen all jenen auch zu beweisen. Eine Frau, die genauso tough, genauso durchsetzungsfähig, genauso anspruchsvoll und auch genauso fordernd wie ein Mann ist – erscheint oft bossy. Erst die Frau, die dazu auch noch ihre Emotionen ausschaltet, sich dafür aber in unnahbare Arroganz hüllt, als wäre sie eine Rüstung, kann sich über dieses Stigma wirklich hinwegsetzen und zum Boss werden.

Offen gesprochen: Was für ein *Bullshit*.

Wer in 2022 noch immer glaubt, dass herablassendes Verhalten, die Ausbeutung von Kollegen, die man auch noch miteinander konkurrieren lässt, und ausgelebte Tantrums im Büro, um sich an anderen Menschen abzureagieren, Zeichen von Erfolg oder Stärke sind, der hat es meiner Meinung nach nicht anders verdient – als Anja.

Gerade einmal fünf Monate hielt ich es im Büro aus. Und nicht selten ertappte ich mich dabei, wie der Job mich auch nach Feierabend nicht losließ, wie er mich lähmte, wie ich oft nervös zusammenzuckte, wenn ich Anja im Nebenzimmer meinen Namen rufen hörte, wie ich jedes Mal im Kopf die Liste mit Dingen durchging, die sie aufgeregt oder verärgert haben könnten. In Meetings wurde ich immer stiller, selbst in einfachen E-Mails immer unsicherer, und jede neue Aufgabe, die auf meinem Tisch lag, fühlte sich an wie eine Klippe, von der ich nur fallen konnte.

Mein letztes Projekt war ein Interview mit einer deutschen Schauspielerin gewesen. Einen Tag lang hatte ein Magazin sie durch Hamburg begleitet und mit ihr über ihren nächsten Film gesprochen. Ich war lediglich dabei, um den Fotografen immer wieder zu bitten, dass wir die Marke des Autos, das wir mit ans

Set gebracht hatten, auch wirklich gut auf mindestens einem Foto erkennen konnten. Das war der Deal: Wir verschafften dem Magazin ein exklusives Interview mit einer Prominenten, dafür musste das Magazin aber unseren Kunden in dem Artikel ebenfalls unterbringen. Kurz gesagt: Schleichwerbung.

Als die Story an einem Donnerstag erschien, schmiss mir Anja das Heft entgegen. »Das hast du ja super hinbekommen. Auf keinem der Bilder kann man unseren Kunden erkennen, und auch im Text erwähnt sie nicht ein einziges Mal den Satz, den wir ihr per Mail mitgeteilt hatten.«

Hamburg ist einfach meine Lieblingsstadt – na ja, bis auf die Parkplatzsituation. Wenn ich zu Castings fahre, kann das manchmal schon anstrengend werden, aber dafür habe ich ja meinen kleinen Flitzer …, hatte sie *ganz natürlich* erwähnen sollen.

Sie hatte sich geweigert. Und ich verstand sie nur zu gut. Ich hatte mich geschämt, diesen Satz auch nur zu tippen. Und genau das sagte ich Anja auch genau so. Zum ersten Mal bin ich, ganz offen und mit geradem Rücken, nicht ihrer Meinung.

»Weißt du was, Lina, ich glaube, wir brauchen dich und deine *attitude* hier nicht mehr. Und da du noch in der Probezeit bist – machst du die Woche hier noch zu Ende und räumst dann deinen Platz.«

Als ich nicht antworte, faucht sie: »Oder hast du noch irgendetwas zu sagen?«

»Danke«, antworte ich.

Danach knallt ihre Bürotür.

Ein paar Jahre später knallt sie sie zum letzten Mal. Unter Anjas Regime muss sich die Agentur verkleinern.

Ob es sie heute noch gibt, weiß ich nicht. Ich habe sie hinter mir gelassen. Und nur einen Grundsatz für meine Karriere mitgenommen, den ich seitdem nie wieder losgelassen habe:

Ich will mich nie wieder am Sonntag vor Montag fürchten. Kein Geld der Welt, kein Erfolg, kein einziger großer Name ist es wert, dass ich meinen Job nicht mag.

Das meine ich ernst. Seit jenem Tag im Jahr 2014 habe ich meinen Job nie wieder nicht gemocht. Natürlich habe ich trotzdem oft gezweifelt, bin sogar ab und zu verzweifelt, musste entweder mich oder Ängste, Rückschläge oder neue Hürden überwinden, habe manchmal viel und dann wieder monatelang gar kein Geld verdient, verdiene jetzt noch immer so viel weniger als viele meiner ehemaligen Kommilitoninnen, die in Management-Positionen aufgestiegen sind. Ich bin mittlerweile 30 Jahre alt und trotzdem immer mal wieder pleite, das ist die Wahrheit – aber ich habe nie wieder in meinem Leben nicht gemocht, was ich da tue. Und auch wenn es kitschig klingt, es ist bis heute für mich der wichtigste Erfolg, den ich mir niemals wieder nehmen lasse.

#15

Die, mit denen ich lernte, wer ich nicht sein will

Das hier ist mit Abstand das schwierigste Kapitel für mich gewesen. Und zwar nicht, weil es mir so schwerfällt, über meine eigenen Fehler zu schreiben, sondern weil ich es am liebsten vermeiden wollte, noch einmal zu diesem Teil von mir zurückzukehren, der sich heute so unsicher und so oberflächlich, so unglücklich anfühlt. Es gab Tage, an denen ich dachte: Warum sollte ich noch einmal über eine Zeit schreiben, in der ich nicht ich selbst, sondern dabei war, zu einer Frau zu werden, die ich heute nur noch meiden würde, für die ich mich schäme? Warum nicht lieber nur von den guten und positiven Momenten erzählen, mich auf das konzentrieren, was jetzt ist, statt noch einmal auf das zu blicken, was war?

Aber das wäre dann nicht die ganze Geschichte, wäre einfach nur leichter …

»Cheers!«, rufen wir und stoßen an. »Herzlich willkommen zu einer neuen Ausgabe von *terrible thursdays*, ich fange an.«

Terrible thursdays, so nannten wir die Donnerstage, an denen wir uns in ihrer Wohnung trafen, eine Pizza bestellten oder eine Flasche Sekt öffneten, um uns dann für zwei oder drei Stunden den Frust der Woche von der Seele zu reden.

Übersetzt heißt das: Wir lästerten, wir bewerteten alles und jeden, vor allem aber Bloggerinnen, andere Frauen, die ebenfalls in der Modebranche oder auf Social Media ihr Geld verdienten oder Inhalte teilten. Frauen, die doch eigentlich unsere Kolleginnen waren, aber die wir als reine Konkurrenz empfanden, und dazu noch als ungerechtfertigte.

Der Alltag einer Modebloggerin damals, zumindest aus einer sehr ungeschulten und natürlich auch ein bisschen überspitzten Perspektive: 60 % über Mode schreiben oder posten, 40 % über das reden, was andere über Mode schreiben oder posten und damit Verbündete finden. Oder besser gesagt: »networken«.

Wir *gossipen* über Outfits, Storys, Stylings, über Projekte, Kooperationen und Kunden, mit denen wir auch oder eben nicht arbeiten durften, wir reagieren unsere aufgestauten Unsicherheiten der Woche an den Postings der anderen ab. Und ja, wir nennen das alles auch noch *quality time*. Wir haben Spaß dabei, uns zu treffen und gemeinsam zu bewerten, wem wir den Erfolg der letzten Tage gönnen und wer ihn nicht verdient hat.

Jess und ich kennen uns gerade einmal ein Jahr, sie ist ebenfalls Bloggerin, ein bisschen älter als ich und dementsprechend schon viel länger dabei, wir lernen uns auf einem gemeinsamen Event kennen, bei dem wir mit vielen der Frauen lächelnd anstoßen, die wir jetzt entweder in privaten Nachrichten oder aber an unseren *terrible thursdays* zu unserer Unterhaltung bewerten. *Und hey, es ist ja nur ein bisschen harmloser Gossip, der tut ja niemandem wirklich weh, es sind ja nur Worte, und ich meine, damit müssen die Menschen, die freiwillig in der Öffentlichkeit stehen, ja leben – richtig?*

»Wie läuft es eigentlich mit diesem Blogger-Kollektiv, in dem du jetzt bist? Bereust du es schon, oder bist du noch immer der Meinung, das war 'ne gute Idee?«, fragt sie und schenkt uns beiden nach.

Seit ein paar Wochen war ich Mitglied in einer Gruppe, zu der mehrere Bloggerinnen gehörten, die sich gegenseitig unterstützten und eine Plattform für gemeinsamen Content aufbauen wollten (das war jedenfalls der Plan), die aber auch Jobangebote untereinander teilen und vor allem gemeinsam ihre Reichweite und damit natürlich auch die möglichen Einnahmen vergrößern wollten (auch Teil des Plans).

Ich war als Ersatz für eine der Bloggerinnen gekommen, die schon nach wenigen Wochen das Kollektiv wieder verlassen hatte, weil es *einfach nicht passte.*

Und um ganz ehrlich zu sein, auch ich war mir nicht sicher, ob es passte, ob ich passte, denn schon während unseres ersten Skype-Dates hatte ich mich eigentlich gar nicht wohl-, sondern vor allem eingeschüchtert gefühlt. Ein paar der Mädels folgte ich selbst schon seit langer Zeit, von den anderen hatte ich noch nie gehört, und schon nach kurzer Zeit wurde mir klar, dass es in diesem Kollektiv eine klare Rangordnung gab: Den Ton gaben die zwei Mädels an, die bei Weitem die meisten Follower hatten, damit die meiste Aufmerksamkeit genossen und natürlich auch die größeren Kunden an Land ziehen würden. Die vier anderen ordneten sich unter. Und mir war von Anfang an klar, zu welcher Gruppe ich, vor allem als »die Neue«, gehören würde.

Jess hatte mir von Anfang an davon abgeraten, ein Teil des Kollektivs zu werden. Wenn ich ehrlich war, glaubte ich manchmal, dass sie vielleicht auch einfach gekränkt war, selbst nicht einmal gefragt worden zu sein. Aber natürlich hätte ich das niemals laut gesagt. Wir sprachen gemeinsam über andere, aber dann doch nie wirklich miteinander über uns selbst.

Unsere Freundschaft bestand zu einer Zeit, in der Twitter noch nicht *woke*, sondern *viscious* war. Andere zu bewerten, zynische Tweets mit bissigem Humor abzusenden, war das, was andere unterhielt, was geklickt und geteilt wurde, was dich auf der Plattform erfolgreich machte. Je schlagfertiger du warst, wenn auch auf Kosten anderer, desto mehr Leute folgten dir, und wer vor den Augen aller anderen einen vielleicht selbstgefälligen, aber ehrlichen *burn* servierte, anderen gar keine Chance mehr für eine Antwort ließ, weil die eigene längst laut gefeiert wurde, als wäre unser Alltag ein Rap Battle, der war zu diesem Zeitpunkt auf Twitter *gold*. Und zusammen mit Jess fühlte ich mich für ein paar Monate auch genau so.

Andere Menschen zwischen den Zeilen dissen, für ein bisschen Applaus und Bestätigung? Das feierten wir nicht nur an Donnerstagen, sondern auch immer wieder online. Und wir hielten uns dabei auch noch für authentisch, ehrlich, mutig und vor allem *real*.

Auch in unserem Kollektiv habe ich mit dem Charakterzug Erfolg, dass ich schlagfertig und ironisch bin und eine andere Person gegen die Wand schreiben oder reden kann (und den ich damals tatsächlich als eine Stärke auslebe). Ich habe mir die Spannungen zwischen den Mädels bei unseren ersten Treffen nämlich nicht nur eingebildet, tatsächlich gibt es in der Gruppe längst schon zwei gespaltene Lager. Während die einen durch das Kollektiv wirklich erfolgreicher und sogar noch größer werden, bleiben die anderen eher unbemerkt und zurück. Als dann zwei Plätze für eine Pressereise frei werden, um die sich alle von uns reißen, ist eigentlich längst klar, wer seine Koffer packen und wer den beiden neidisch hinterhersehen wird. In einem gemeinsamen Chat machen sich erst einmal vor allem die anderen ernsthaft Luft, ich kommentiere das Ganze zynisch, bissig und, wie die anderen finden, – on point.

Und je lauter die Mädels klatschen, je mehr sie mich feiern und je größer das Gefühl wird, nicht nur verbündet zu sein, sondern wirklich dazuzugehören, eine eingeschworene kleine Gang zu werden, die auf das gleiche gemeinsame Ziel feuert, desto mehr mehr drehe ich auf, desto waghalsiger werden meine Witze.

Oder besser gesagt: das, was ich zu diesem Zeitpunkt als witzig empfinde. Denn an dieser Stelle einmal ganz, ganz klar und deutlich: Andere Menschen, ihr Aussehen, ihre Gefühle, ihre Geschichten oder auch ihre Makel für deinen eigenen Humor zu benutzen, dich über andere zu stellen, nur um dich selbst ein paar Zentimeter größer zu fühlen, das ist nicht witzig, das ist ziemlich armselig.

Sicher, wir alle kommen manchmal an den Punkt, an dem wir einer anderen Frau ihren Erfolg neiden, selbst wenn wir uns noch so sehr vornehmen, es nicht zu tun. Vielleicht sogar an den Punkt, an dem wir es für *unfair* halten, dass wir noch nicht da sind, wo wir eigentlich hinwollen, dass eine andere unseren Platz eingenommen hat, für den wir so hart zu kämpfen glauben, während er ihr vermeintlich in den Schoß fällt.

Aber wie fair ist es dann, sich in der eigenen Enttäuschung zu verlieren und sich selbst auch noch berufen zu fühlen, den Erfolg einer anderen um jeden Preis herabzuwürdigen? Ich meine, wir posten und reposten Zitate und Captions über Girlpower, wir versichern uns gegenseitig, dass alle Frauen Platz an der Spitze haben, aber manchmal müssen wir uns fragen: Meinen wir das wirklich? Oder eigentlich nur so lange, wie wir selbst dort oben ganz sicher und gefestigt stehen?

Nach ein paar Wochen ist alles vorbei. Die Stimmung ist gekippt. Niemand klatscht mehr. Alle meiden mich. Niemand ist mehr zu erreichen. Irgendwann haben die anderen bemerkt, dass sich Frust gegen sie aufgebaut hat. Es hat eine Aussprache gegeben, erst nur mit ein paar der Mädels, dann mit fast allen. Ich war kein Teil davon, bin jetzt aber trotzdem der Mittelpunkt der Wut, die sich entlädt. Es sind meine Sätze, die den anderen zugespielt werden. Und während sie vorher noch das gewesen sind, »was jeder denkt, aber du einfach perfekt auf den Punkt bringst«, will jetzt keiner mehr etwas damit zu tun haben. Bis eben noch war ich Teil einer Gruppendynamik gewesen, jetzt stehe ich alleine gerade für unseren Gossip. Unsere Unterhaltungen sind da schon gelöscht, das Urteil schon längst gefällt.

Was folgt, ist der erste, überwältigende Shitstorm meines Lebens. Ich erfahre am eigenen Leib, wie es sich anfühlt, wenn ein paar Menschen damit beginnen, eine hässliche Wahrheit über dich öffentlich zu teilen, und schließlich Hunderte Unterhaltung dabei finden, dich lächerlich zu machen, dein Privatleben oder das, was noch davon übrig ist, auseinanderzunehmen, dich zu *canceln*.

Anfangs versuche ich mich zu entschuldigen, dann versuche ich mich zu verteidigen, aber eigentlich weiß ich längst, dass jedes weitere Wort von mir nur noch mehr Munition ist für eine Auseinandersetzung, die nur für mich wirklich persönlich oder emotional und für fast alle anderen einfach spannender Gossip ist. Als die Behauptungen immer wilder werden, als eines der Mädels einen *hate club* für mich auf ihrer Plattform einrichtet und anonyme Nachrichten oder Fragen über mich öffentlich zur Belustigung aller beantwortet und kommentiert, gebe ich auf. Und tauche für eine Weile ab.

Ich weiß, dass einige das, was mit mir passiert ist, noch heute für gerecht oder eben für angemessenes Payback halten. Dass das öffentliche Anprangern das war, was ich eben verdient hatte.

Ich weiß nicht, ob ich das auch so sehe. Ich weiß nicht, ob ich es als gerechte Strafe oder eher als ausgelebte Rache empfinde. Aber das ist auch längst nicht mehr wichtig. Was es nämlich wirklich war – war ein Weckruf. Und in dem ging es nicht um die anderen, um ihre Rolle in all dem, es ging nicht darum, wer wem mehr getan hatte. Es ging nur um mich.

Es ging darum, einen Moment lang einen langen, harten und ehrlichen Blick in den Spiegel zu werfen und mich zu fragen, zu wem ich da eigentlich geworden war und ob ich mich selbst mögen würde, wenn ich mich jetzt kennenlernen würde.

Ich selbst war von einer ehrgeizigen jungen Frau, von einer, die wirklich kreieren, schreiben, fotografieren wollte, nicht nur Mode, sondern auch das, was in ihr steckt, leben und teilen wollte, zu einer geworden, die nur noch um sich selbst kreiste. Die auf Instagram und Twitter, selbst im Privaten, die ganze Zeit um Aufmerksamkeit und Bestätigung buhlte, die immer auf der Jagd war, entweder schneller oder besser oder anders, aber trotzdem ein Teil von jenen zu sein, die mir etwas nutzen konnten. Und dabei merkte ich gar nicht, wie unglücklich ich mich eigentlich machte. Und wie wenig von dem, was ich als Erfolg betrachtete, mir eigentlich irgendetwas bedeutete. Wie verloren ich eigentlich war, in einem Mix aus Designerstatus und Selbstdarstellung. Ich hatte andere Frauen, die ich eigentlich mal gemocht, sogar als Inspiration empfunden hatte, vor anderen kleingemacht, nur um selbst ein bisschen mehr dazuzugehören. War es das alles wirklich wert? Die Antwort war *Nein.* Und ist es bis heute.

#16

Vorbilder: Chimamanda Ngozi Adichie

Name:
Chimamanda Ngozi Adichie

Beruf:
Autorin

In einem Wort:
Berührend

In einem Satz:
Chimamanda Ngozi Adichie ist eine nigerianische Schriftstellerin, deren Bücher vielfach international ausgezeichnet wurden und die heute als herausragende Stimme der afrikanischen Literatur gilt.

Gefunden:
Im Sommer 2007 habe ich erstmals ihr Buch »Blauer Hibiskus« gelesen – und es seitdem immer und immer wieder in die Hand genommen. Der Roman erzählt von Kambili und ihrer Familie, die in einem Haus lebt, das umgeben ist von Hibiskus und

Tempelbäumen – aber auch von hohen Mauern. Kambili lebt in Nigeria, das von Unruhen und politischen Kämpfen geprägt ist. Sanft und berührend, aber dennoch (oder gerade deswegen) fesselnd, erzählt die 15-jährige Kambili von dem Jahr, in dem ihre Heimat im Terror versank, ihre Familie auseinanderfiel und ihre Kindheit zu Ende ging.

Es ist ein Buch über Menschlichkeit und darüber, dass unser größtes Leid, welches wir fühlen, die Hilflosigkeit ist: wenn wir in Situationen gefangen sind, die wir nicht ändern können, abgeschnitten von den Menschen, die wir lieben.

Seit diesem ersten Werk hat die Autorin viele Bestseller geschrieben. Ihr berühmtester: »We should all be feminists« (und spätestens diesen Satz habt ihr, selbst wenn ihr Chimamanda Ngozi nicht kanntet, schon einmal gehört, oder?). Das letzte Buch, das ich von ihr gelesen habe und das bis heute noch nachhallt: »Liebe Ijeawele: Wie unsere Töchter selbstbestimmte Frauen werden«. Es ist ein Buch, das uns aufzeigt, wie wir die Konflikte, die wir mit unseren Müttern haben, überbrücken können, ein Buch, das beide Seiten schildert und sie einander annähern lässt.

Gelernt:
Chimamanda Ngozi öffnet behutsam die Augen für Themen wie Rassismus und Sexismus und zeigt trotz all der Härte und der schonungslosen Ehrlichkeit echte Hoffnung auf. Dank ihr verstehe

ich einmal mehr: Wir sind Frauen, wir sind stark, wir dürfen fordern, wir brauchen einander, wir brauchen laute Stimmen, wir dürfen keine Angst vor Konflikten haben, wir müssen für unsere Rechte, vor allem die verwehrten, einstehen – und wir können trotzdem vergeben.

Ein Zitat von Chimamanda:
»Never ever accept ›because you are a woman‹ as a reason for doing or not doing anything.«

#17

Die, die (hinter)fragte, wie es mir geht

»Fuck – fuck, fuck fuck«, sage ich und schlage mir die Handflächen gegen den Kopf. Es ist mir egal, wer mich hört, selbst wenn es der halbe ICE sein sollte. Vor mir blinkt der Cursor auf dem Bildschirm, neben dem Laptop liegt ein Zettel, auf den ich all meine To-dos aufgeschrieben habe, die ich bis zum nächsten Termin noch schaffen will, aber auf keinen Fall schaffen kann.

Wenn jetzt nicht zufällig ein Wunder geschieht, würde ich heute Abend nicht einmal mehr Berlin erreichen.

Ein Unwetter hat unsere Bahn auf dem Weg von München in die Hauptstadt erst immer wieder verspätet – und jetzt vollkommen zum Stehen gebracht. Ein Baum oder Äste oder irgendetwas, so genau habe ich die Durchsage nicht verstanden, ist auf die Schienen gekippt.

Und das heißt für uns bis auf Weiteres: Stillstand.

Bis vor ein paar Stunden hatte ich ein Event für den Launch von Amazon Home besucht, für den nächsten Morgen war ich zu einem Pressefrühstück von Bobbi Brown eingeladen, und danach musste ich noch zu einem Termin im Showroom von Lala Berlin, um mich für ein mögliches Shooting ausstatten zu lassen.

Es waren die ersten größeren Events nach dem Shitstorm,

der zumindest in meinem Inneren noch immer wütete. Es war mir wichtig, mich mit diesen Kunden gut zu stellen, einen perfekten Job und noch bessere Bilder und Postings abzuliefern, die beweisen sollten, dass ich weiterhin da, weiterhin erfolgreich war.

Aus irgendeinem Grund glaubte ich damals, dass diese Feindschaft zwischen mir und den anderen Mädels meine gesamte Karriere beeinflussen würde, dass Kunden mich von nun an nicht mehr buchen würden, dass man sich von mir abwenden würde, dass ich niemals die Chance bekommen würde, mich zu erklären, dass …

Ich versuche, die Gedanken abzuschütteln, und konzentriere mich wieder auf meinen Bildschirm.

Bis Mitternacht muss ich außerdem noch fünf Artikel abgeben, zumindest das würde ich jetzt vielleicht noch während der Fahrt schaffen, wenn ich es nur schaffte, mich zu konzentrieren.

Ich hatte einen Job bei Fashion Force angenommen und schrieb dort für verschiedene Modekunden und Themen. Der Job war keine Herausforderung und nicht einmal gut bezahlt, gerade einmal 40 € verdiente ich pro Artikel, aber je schneller ich arbeitete, desto mehr konnte ich verdienen. Wenn ich es schaffte, pro Woche 10 x 450 Wörter zu schreiben, dann waren das immerhin 400 €, die ich nebenbei machte. Und am Ende des Monats rechnete sich das auf beinahe 1600 €, die ich als freie Redakteurin in Rechnung stellen konnte. Natürlich zog sich davon noch die Umsatzsteuer ab, die ich bezahlen musste, und noch einmal gut 40 % Einkommensteuer, und natürlich war es beinahe unmöglich, zehn Artikel pro Woche zu schreiben.

Es war eine Rechnung, die niemals aufgehen würde. Aber um ehrlich zu sein: Ich brauchte das Geld. Ich brauchte es nicht, um zu überleben, aber um mitzuhalten mit den Lunchdates in immer neuen Restaurants, mit den Designerteilen, mit den Drinks am Mittwochabend in irgendeiner Hotelbar, mit den Luxus-Give-aways und It-Bags, die mittlerweile einfach zum »Content« gehörten. Ich brauchte das Geld, um mir den Lebensstil zu leisten, den alle anderen sehen wollten und der mir die Tür zu besseren Jobs öffnen sollte (das glaubte ich noch immer).

Die Wahrheit war: Ich war genauso wenig irgendwohin unterwegs wie dieser Zug. Ich fühlte mich ausgelaugt und festgefahren. Selbst wenn ich einen guten Job machte, gab es immer jemanden, dem ich auf Social Media dabei zugucken konnte, wie er ihn noch besser machte, wie er eine noch größere Marke repräsentierte, noch mehr Likes bekam, noch mehr Aufmerksamkeit, noch mehr Jobs, noch mehr Bewunderung. Selbst in Monaten, in denen ich eigentlich stolz auf das war, was ich geleistet hatte, war ich für die ganz große schillernde Bloggerwelt gerade gut genug. Oder zumindest fühlte ich mich so. Neben mir wurden immer mehr Frauen mit ihren Outfit-Posts zu Weltstars. Und wer neben ihnen nicht mitglitzerte, mitreiste, mitpostete, mithielt – der würde vermutlich bald vergessen sein. Oder?

Ich klappe den Bildschirm zu und lasse mich in meinen Sitz sinken. Mein Abteil ist beinahe leer, fast scheint es, als hätten die meisten Reisenden eine Vorahnung gehabt. Natürlich ist es gerade dieser Zug, den es erwischt. Ich mache die Augen zu und seufze.

»Na, stressiger Tag?«, fragt mich jemand, und es dauert einen Moment, bis ich begreife, dass ich gemeint bin. Als ich die Augen öffne, sehe ich zum ersten Mal in das Gesicht der Frau, die mir eigentlich schon seit einer Stunde gegenübersitzt, die ich aber bis eben noch gar nicht weiter beachtet habe.

»Ja, so was in der Art«, antworte ich.

»Möchten Sie mich vielleicht ins Bordbistro begleiten?«, fragt sie und streift sich die Ärmel ihres Blazers glatt.

»Ähm …«, mache ich.

Wie kommt sie darauf? Wie kommt eine wildfremde Person auf die Idee, dass ich die Zeit dazu oder das Interesse daran habe, sie in dieses überteuerte Bordbistro dieser verfluchten Bahn zu begleiten, in dem man mir entweder eine künstliche Currywurst oder warmen Wein servieren würde? Ich ziehe die Augenbrauen zusammen. »Nein, danke.«

Sie lächelt mir noch einmal zu und verschwindet dann, während ich mich wieder hinter meinem Bildschirm und in den Tasten vergrabe.

»Wir bedauern, Ihnen mitzuteilen, dass wir den Streckenabschnitt heute Abend nicht mehr werden passieren können. Dieser Zug kann auch nicht umgeleitet werden und wird darum außerplanmäßig zum Bahnhof in Erfurt zurückkehren.«

Ich schrecke auf, will mich gerade fragen, ob ich richtig verstehe, als die Bahn sich wieder in Bewegung setzt, in genau die Richtung, aus der wir eigentlich gerade viel zu langsam gekommen sind. *Das darf nicht wahr sein, das kann einfach nicht wahr sein.*

Und doch stehe ich eine Dreiviertelstunde später mit einem Koffer auf Bahnsteig 6b, während das Zugpersonal die Abteile räumt. Ein paar Menschen versuchen, über die wartenden Taxis ihre Ziele zu erreichen, aber die meisten von uns würden für diese Nacht hier in Erfurt stranden. Eine Stunde später, nachdem ich aus einer langen Schlange an dem Schalter des Reisezentrums trete, teilt mir der Mitarbeiter dort kurz und schmerzlos mit, was ich längst vermutet habe: Ich werde es nicht mehr rechtzeitig nach Berlin schaffen, es sei denn, ich miete mir ein Auto. Mittlerweile ist es kurz nach 22:00 Uhr. Nicht einmal die Deadline für meine Artikel werde ich noch rechtzeitig schaffen.

Ich schließe mich den anderen Reisenden an, reihe mich in eine weitere Schlange ein, um im IntercityHotel einzuchecken, das sich zum Glück in der Nähe des Bahnhofs befindet. 78 € später, ich habe das letzte Einzelzimmer zu diesem unschlagbaren Preis mit Blick auf die Gleise bekommen, lasse ich mich müde in einen der Sessel im Loungebereich fallen. Eigentlich bräuchte ich Schlaf, aber ich bin noch nicht bereit, mit meinen Gedanken allein zu sein. Ich bestelle mir ein Glas Wein und fühle mich dabei, wie nicht nur ein Mal in diesen letzten Wochen, wie ein Versager, ein Hamster, der in seinem eigenen Rad gestolpert ist, aber doch auf keinen Fall anhalten kann.

»Alles in Ordnung?«, fragt mich eine Stimme.

Hastig wische ich mir die Tränen weg, die mir schon seit ein paar Minuten über die Wangen laufen, und schaue auf. Vor mir steht schon wieder die Frau, mit der ich mir eben im ICE noch den Tisch geteilt habe.

Ich schüttle erst den Kopf, dann nicke ich. »Schon in Ordnung, es ist einfach ein mieser Tag.«

»Sieht ganz so aus. Wo müssen Sie denn hin?«

»Nach Berlin.«

»Oh, ich auch.«

»Sind Sie sicher, dass Sie in Ordnung sind?«, fragt sie noch einmal und setzt sich in den leeren Sessel neben mich. »Sie sehen jedenfalls nicht so aus.«

»Vielleicht war es ja kein schlechter Tag. Vielleicht waren es ja auch ein paar schlechte Wochen …«, antworte ich und versuche zu lachen, als würde ich nur einen Scherz machen. »Aber das jetzt, dass dieser blöde Zug nicht rechtzeitig in dieser blöden Stadt ankommt. Das ist noch so ziemlich die Kirsche auf diesem riesigen *crapcake*, den ich gerade mein Leben nenne.«

»Was ist denn so wichtig in – der blöden Stadt?«

»Ein Job. Oder zumindest eine Aussicht darauf oder vielleicht nicht einmal das. Eigentlich geht es nur um Termine, aber ich kann sie einfach nicht verpassen.«

»Warum nicht?«

»Was meinen Sie?«

»Warum kannst du diesen Termin nicht verpassen?«

»Weil ich ihn nicht verschieben kann.«

»Das ist ja keine Antwort auf meine Frage. Warum ist dieser Termin so wichtig, dass es unmöglich scheint, ihn zu verpassen?«

Ich mache den Mund auf, dann erst suche ich nach Worten.

»Er … ist es einfach. Warum fragen Sie überhaupt?«

Sie lächelt, dann bestellt sie bei dem Kellner, der gerade ein Glas Rotwein neben mich stellt, ebenfalls ein Glas. »Ich hab dir ein bisschen zugesehen, hab dich immer wieder Gedanken aufschreiben und dann energisch durchstreichen sehen, hab dich tippen gehört, bis du immer wieder den Laptop zugeklappt hast. Und ich hab dein Gesicht gesehen, das irgendwie müde, irgendwie unglücklich aussieht. Und dann hab ich mich gefragt, ob du dich vielleicht freuen würdest, wenn dich mal jemand fragt, wie es dir geht.«

»Einfach so?«

»Einfach so.«

Ich schüttle den Kopf. »Entschuldigung, aber das kann ich mir gerade – fast nicht vorstellen.«

»Und warum nicht …?«

✧ ✧ ✧

»Erzähl, wie geht's dir?«, frage ich sie, als wir uns bei Starbucks zufällig in die Arme laufen. Ich habe sie ein paar Monate nicht gesehen, wie das so ist mit flüchtigen Bekanntschaften.

»Ach, super! Ich bin gerade an ein paar neuen Projekten dran und total busy.«

Ich nicke, und noch bevor ich viel antworten könnte, verabschieden wir uns wieder.

Es ist ein Standardgespräch, wie ich es schon Tausende Male geführt habe. Zumindest im letzten Jahr. Man hört von den »neuen Projekten«, von einer »aktuellen Kampagne«, trifft mal jemanden zwischen »drei oder vier Meetings« (ziemlich offensichtlich übrigens, dass das in den meisten Fällen keine Beschwerde, sondern vielmehr eine gewisse Prahlerei ist).

»Ich bin busy« ist das neue »Mir geht's super«. Es ist eben das, was du antwortest, wenn dich jemand fragt, wie es dir geht, ohne es wirklich, also wirklich wissen zu wollen, weil dafür irgendwie gar keine Zeit wäre.

Was ich im Starbucks in knapp einer Minute erlebt habe, geht auf Instagram den ganzen Tag weiter.

Unsere Captions sind eine Aneinanderreihung von Dingen, die wir noch tun dürfen oder tun wollen oder tun müssen, jeder beworbene Tee ist eine Pause zwischendurch, bevor es wieder hektisch wird, jede Seite eines guten Buches, jedes heiße Bad ist eine Entspannung zwischendurch oder eine Belohnung für den letzten anstrengenden Tag. Selbst wenn wir das Smartphone mal weglegen, dann nur, um uns von dem Stress zu entspannen oder sogar zu detoxen, was wir uns danach völlig freiwillig und in genau dem gleichen Umfang wieder aufladen.

Und irgendwie kommt mir der Gedanke, dass das nicht einmal etwas ist, was alle wollen, es ist vielmehr etwas, das man sich gegenseitig aufzwingt. Wer busy ist, der arbeitet hart, der ist erfolgreich, begehrt, der strahlt vielleicht sogar etwas Glanz ab, den kann man beneiden. Für was auch immer. Erfolg macht attraktiv – und dabei ist mittlerweile fast egal geworden, ob er wirklich existiert, solange man über ihn spricht.

Busy zu sein, ist wie eine Absicherung vor dem Durchschnitt, denn wer ein ausgebuchtes Leben hat, der kann auf den ersten Blick unmöglich langweilig oder bedeutungslos sein. Wer viel zu tun hat, wer gefragt ist, dessen Leben ist nicht leer oder öde. Es scheint aufregend.

»Die Frage ist nur, ist es das wirklich? Oder verwechseln wir mittlerweile einen gefüllten Kalender mit einem erfüllten Leben?«, fragt die Frau, die sich mir mittlerweile als Johanna vorgestellt hat, und unterbricht damit meinen Monolog. Ich weiß nicht, wie lange ich, einfach so, ohne nachzudenken, ohne zu filtern, geredet habe, einer vollkommen fremden Person zum ersten Mal seit sehr, sehr langer Zeit ehrlich auf die Frage antwortete – wie es mir ging. Und es tat gut. Es war befreiend.

»Na ja, ich sitze gerade in einem Hotel, verzweifle darüber, dass ich es nicht zu einem Pressefrühstück schaffen werde, das ich für überlebenswichtig halte, wenn es um meine Karriere geht oder darum, bei Kunden und großen Brands nicht in Vergessenheit zu geraten. Wobei das in diesem Moment vermutlich sogar auf das Gleiche hinausläuft. Ich glaube, wenn ich das über mich selbst hören oder lesen würde, ich würde mein Leben nicht für wirklich erfüllt halten.«

Es stimmte, wenn ich nicht auf mein Profil, auf die Aneinanderreihung von Looks, Outfits, Events und Produkten schaute, sondern ungeschult auf mein Leben, dann wusste ich eigentlich selbst nicht mehr, warum ich es eigentlich um jeden Preis haben musste. Ich meine, ich cancelte Verabredungen, um noch zusätzliche Aufträge neben meiner eigentlichen Arbeit annehmen zu können. Wenn ich nur ein Wochenende ohne den Laptop bei Freunden verbrachte, plagte mich ein schlechtes Gewissen, wenn ich ohne Empfang in einem Flughafen oder der Bahn festsaß, wurde ich nervös. Ich hetzte zu unnötigen Events und Veranstaltungen und Partys, nur um dort gewesen zu sein. Da war diese Angst, den Anschluss zu verlieren. Angst, nicht genug zu arbeiten, zu veröffentlichen, zu erleben. Angst, keinen Erfolg zu haben.

Und vielleicht wurde mir in genau diesem Moment endlich und deutlich klar, dass ich gar nicht mehr erlebte, sondern nur noch postete, fotografierte, teilte. Nicht einmal, um wirklich von etwas zu erzählen, manchmal sogar nur, um etwas gesagt zu haben. Um präsent zu sein. Ganz egal, wie belanglos es eigentlich war. Ich war da. Hauptsache, da.

»Was erfüllt dich denn? Wenn du nicht lange darüber nachdenkst, was macht dich glücklich?«

»Schreiben«, antworte ich. »Und fotografieren. Und entdecken und mich auf Neues einlassen, aber irgendwie …«

»Irgendwie?«

»… habe ich das schon lange nicht mehr gemacht. Weißt du, ich habe mit dem Schreiben und dem Fotografieren irgendwann mal angefangen, weil ich es liebe, Geschichten entweder über meine Worte oder durch meine Kamera hindurch zu erzählen … Das ist es, was ich wirklich, wirklich kann. Ich liebe es, zu reisen und danach davon zu erzählen, ich wünschte, ich könnte endlich mal wieder eine echte Reportage fotografieren und nicht nur Outfits.«

»Wie bist du überhaupt zur Mode gekommen?«

»Na ja, Mode, das ist ja auch eine Form, eine Geschichte zu erzählen oder etwas auszudrücken, ein Gefühl oder eine Stimmung, sich selbst. Das war es eigentlich, was ich immer am meisten an neuen Kollektionen geliebt habe. Sie zu interpretieren, sie nachzufühlen, die Geschichte hinter dem Schnitt, dem Stoff, den Farben zu verstehen und noch einmal neu aufzuschreiben. Aber irgendwie – geht es in letzter Zeit schon lange nicht mehr darum. Niemand will lesen, was du über Mode denkst. Sie wollen nur sehen, wie du sie trägst. Und wie viele Marken du kombinieren kannst. Mode ist in meinem Leben gerade nur noch ein Status – und wenn ich ehrlich bin, nicht einmal einer, der mir gefällt, sondern eher einer, der mich verfolgt.«

Ich zeige auf meine Handtasche. »Siehst du die hier? Ich habe 1200 € für diese Tasche gezahlt. Kannst du dir das vorstellen? Das sind beinahe zwei Monate meiner Miete. Und das Schlimmste ist: Ich wollte sie nicht einmal unbedingt haben. Ich hatte nur das Gefühl, ich müsste sie haben. Dass es etwas Negatives zu bedeuten hätte, wenn ich sie mir eben nicht leisten könnte – wie alle anderen in meinem Feed.«

»Hm«, macht Johanna. Sie nimmt einen Schluck Wein und scheint zu überlegen. »Du kannst ihn jederzeit ändern ... Das weißt du, oder?«

»Meinen Job? Ich will ihn ja gar nicht wechseln oder etwas anderes machen, auf keinen Fall, ich will weiterhin frei schreiben und Artikel verfassen und vielleicht irgendwann endlich ein Buch schreiben, ich will nur ...«

»Das habe ich auch nicht gesagt.«

»Was meinst du?«

»Du musst deinen Job nicht wechseln, du musst ihn nur ändern.«

»Wie denn?«

»Gib ihm eine neue Perspektive. Du willst schreiben? Dann schreib wieder, und zwar über die Dinge, die dich wirklich bewegen. Du willst Reportagen fotografieren? Dann geh raus, und such nach ihnen. Du willst ein Buch schreiben – tu es, und tu es jetzt.«

»Ja, aber ich hab … ja gar keine Aufträge oder einen Verlag, ich weiß nicht einmal, wo ich anfangen soll.«

»Dann bewirb dich, frag nach, setz dich in Bewegung. Was hast du schon zu verlieren – und was könntest du alles gewinnen.«

Für eine Weile sagen wir beide nichts. Als der Kellner uns die Rechnung bringt, übernimmt sie mein Glas Wein. Ich bedanke mich und nehme meine Jacke vom Sessel.

»Warum – sagst du mir das alles? Also, warum hast du mich angesprochen und dich zu mir gesetzt?«

Sie lächelt: »Weil ich mir schon oft gewünscht habe, dass das jemand für mich tut. Und wenn ich es zuerst an das Universum hinaussende, kommt es ja vielleicht zu mir zurück. Und vielleicht auch, weil wir wirklich nicht noch mehr Frauen brauchen, die erst 38 Jahre alt werden müssen, um zu bemerken, dass sie sich in eine Karriere oder ein Leben verrannt haben, das vermeintlich alle wollen, das aber doch so wenige erfüllt. Vielleicht bist du ja jetzt schneller.«

»Ging es dir so?«

Sie zwinkert mir zu. »Vielleicht.«

»Und was, wenn ich es nicht schaffe? Doch noch alles zu ändern, damit es mich erfüllt?«

»Glaub mir, es ist eigentlich ganz leicht. Der schwierigste

Schritt ist der erste. Das ist immer so. Aber wenn du ihn machst, wenn du wirklich beginnst, dich auf einen neuen Wunsch oder Plan wirklich zuzubewegen, verändern sich die Dinge um dich herum. Und dann manchmal so viel schneller und ungeplanter, als wir es uns eigentlich ausgemalt hatten.«

#18

Die, die mir eine Chance gab

Es ist der 24.11.2016, als ich zum ersten Mal nach Südafrika fliege. Ich weiß das deshalb genau, weil dieser eine Flug, diese eine Reise mein Leben verändern wird.

Seit meinem Gespräch mit Johanna sind einige Monate vergangen. Das Erste, was ich getan hatte, nachdem ich mich eine Nacht lang aus- und über unser Gespräch geschlafen hatte?

Ich kündigte bei Fashion Force. Ich beendete die noch ausstehenden Artikel, aber nach der letzten Abgabe war ich frei. Auf meinem Blog begann ich wieder, längere Postings zu schreiben, und aus meiner unregelmäßigen Kolumne machte ich eine feste Größe: An jedem Sonntag lud ich einen neuen Text hoch. Kein neues Outfit, keine neue Shopping-Liste – sondern meine Gedanken. Ich schrieb über meine eigenen Gefühle, ich schrieb über mein Leben als Single in Hamburg, nicht nur über Dates oder Männer, sondern auch über die Herausforderungen, die sich mir stellten, während ich herauszufinden versuchte, wer ich eigentlich sein wollte. Ich schrieb über meine Ängste davor, manchmal nicht sicher zu sein, ob ich auf dem richtigen Weg unterwegs war, oder über die Frage danach, woher wir eigentlich wussten, dass wir glücklich waren. Ich schrieb einfach über all das, was mir durch den Kopf ging. Mal laut und kritisch, mal leise, mal nur ein paar Worte und Fragen, mal über die Antworten, die ich gefunden hatte. Ich verbrachte noch immer viel Zeit vor meinem Laptop, manchmal schrieb ich nächtelang. Aber zum ersten Mal seit langer Zeit tat ich es freiwillig, ich tat es, weil ich Spaß hatte und überall neue Inspiration fand.

Und ich traute mich, ich fasste eine Auswahl meiner Kolumnen zusammen, schrieb ein Exposé und schickte es an verschiedene Verlage. *Was hast du schon zu verlieren ... und was könntest du alles gewinnen?*

Ich hatte außerdem unzählige Bewerbungen an Reiseagenturen geschrieben, mich dort mit meinen Bildern und Texten vorgestellt – ich hoffte nicht auf einen echten Job, ich wusste, dass die Reisebranche mich nicht dafür bezahlen würde, dass ich einen neuen Ort auf dieser Welt besuchte. Reiseagenturen bezahlten vor allem unsere Flüge und die Unterkünfte, die Redakteure und Journalisten, die an Pressereisen teilnahmen, wurden zusätzlich von ihren Verlagen bezahlt. Bei mir gab es keinen Verlag im Hintergrund, es gab nur mich. Aber ich wollte nicht reisen, um damit Geld zu verdienen. Ich wollte einen Neuanfang, ich wollte neue Perspektiven, ich wollte ein Stück mehr unserer Welt kennenlernen und den viel zu kleinen Kosmos aus Mode, Marken und Designerstücken verlassen, der mich einfach nicht erfüllte.

Ich bekam viele Absagen, ich bekam viele E-Mails mit dem Versprechen zurück, dass man sich später noch einmal bei mir melden würde, und dann noch eine Mail – von einer Frau namens Isabell, die mich einlud, mit ihr und ihrer Agentur für eine Woche nach Südafrika zu reisen. Wir würden über Johannesburg durch Groot Marico bis fast an die Grenze Botswanas fahren und dort im Naturreservat Madikwe mehr über nachhaltigen Tourismus lernen. Ich sagte sofort zu, ich überlegte keine

Minute – und saß nur zwei Wochen später bereits am Frankfurter Flughafen.

Johanna hatte recht gehabt. Wenn du nur deine ersten Schritte selbst machst, wenn du beginnst, dich zu bewegen, verändert sich auch alles um dich herum.

Ich war noch nie in Südafrika gewesen, ehrlich gesagt hatte es das Land auch nie auf eine meiner Bucket lists geschafft. Darauf standen damals Länder wie Indonesien (klar, Bali) oder Island, dann natürlich Hawaii oder noch einmal die Malediven. Ich wusste nicht viel über das Land, eigentlich gar nichts, außer dass der Nobelpreisträger Nelson Mandela dort der erste Präsident *of colour* gewesen war, nachdem er es in seinem jahrzehntelangen Kampf geschafft hatte, das Apartheidsystem in seinem Land abzuschaffen und für eine friedliche Revolution zu sorgen.

Ich hatte immer wieder gelesen, dass die Hauptstadt Johannesburg zu den gefährlichsten Städten der Welt gehörte (diese zwei Punkte sind auch bis heute noch so ungefähr die einzigen Themen, die die deutsche Presse über Südafrika immer wieder aufgreift: gefährlich dort, ach, und Nelson Mandela!).

Außerdem wusste ich, dass es in Südafrika Pinguine gab, die am Strand lebten (nur in der Kapregion und damit am Atlantischen Ozean, also in der Nähe von Kapstadt, Simon's Town oder Betty's Bay, ich würde auf meiner Reise in den *Busch*, also in die Nationalparks im Norden des Landes, natürlich keinen einzigen Pinguin treffen).

Wie viel ich nicht wusste, das wurde mir schon in dem Moment klar, in dem ich aus der Passkontrolle heraustrat und bereits am Flughafen O.R. Tambo in ein Meer aus Farben, Sprachen und Menschen eintauchte. Südafrika hat seit dem Ende der Apartheid elf amtliche Landessprachen: Englisch, Afrikaans, isiZulu, Siswati, Süd-Ndebele, Sesotho, Sepedi, Xitsonga, Setswana, Tshivenda und isiXhosa. Damit ist das Land nach Bolivien und Indien dasjenige mit den meisten offiziellen Sprachen der Welt.

Beinahe vier Stunden lang bahnten wir uns in einem kleinen Minibus zusammen mit unserem Fahrer Thabo den Weg von Johannesburg und damit dem District Gauteng bis in den Westen des Landes. Eben noch hatten wir im dichten Verkehr und zwischen sich immer höher türmenden Häuserfassaden der Stadt gestanden, jetzt streckte sich das Land vor uns aus, an meinem Fenster zogen immer größer werdende Maisfelder und Getreideflächen, ein paar einzelne Gemüseplantagen und sogar Straußenfarmen vorbei.

Mit jedem Meter, den wir aus dem Zentrum hinaus und in Richtung *bosveld (afrikaans für »Buschfeld«)* fuhren, verfärbte sich der Sand um uns herum, der vorhin noch aus feinsten Partikeln Teer und Beton der Bauarbeiten sowie Abgasen bestanden hatte, in ein tiefes, mineralisches Rot. Und als wir in das Reservat einbiegen, erstrecken sich neben uns schon die ersten Sichelbüsche und Schirmakazien, ein paar Meter weiter steht der erste *Fever Tree*, den ich in meinem Leben je sehe.

»Siehst du den Fieberbaum da drüben?«, fragt mich Thabo und zeigt aus dem Fenster, während wir darauf warten, dass unsere Pässe kontrolliert werden und sich die große Schranke hebt, durch die hindurch wir gleich tiefer in das Reservat fahren dürfen. »Du erkennst ihn leicht an seiner Farbe, an diesem gelben Staub an seinem Stamm. Das ist einer der schönsten Bäume, die du hier finden kannst, also meiner Meinung nach.«

»Warum heißt er Fieberbaum?«

»Das ist eigentlich eine fiese Geschichte. Man müsste den Baum mal umbenennen, also *rebranden,* denn er trägt seinen Namen vollkommen zu Unrecht. Das war nämlich so: Als die ersten weißen Siedler nach Afrika kamen, da hatten sie natürlich noch keine Ahnung von Sachen wie Malaria, du weißt schon … bssssst.« Mit seinem Zeigefinger formt er den Flugweg einer Mücke und sticht sich damit selbst in den Arm.

Wir müssen beide lachen, und ich nicke. »Ja.«

»Na ja, die Fieberbäume haben es gern warm und feucht, genauso wie die Mücken. Die Siedler aber schlugen ihre Lager auch gern unter den Bäumen auf, weil sie dort Schutz vor wilden Tieren oder dem Wetter fanden und außerdem nah am Wasser waren. Das erhöhte natürlich auch die Chance, von den Mücken gestochen zu werden, klar. Aber das bedachte niemand. Die Siedler dachten, dass die Bäume das Fieber und die Krankheit auslösen, dabei ist sogar das Gegenteil der Fall. Tatsächlich hilft die Rinde des Baumes sogar dabei, die Mücken abzuwehren und sich sozusagen dadurch vor der Krankheit zu schützen, wenn man sie denn nur richtig anwendet. Neben den weißen Siedlern gab es hier ja auch schon viele einheimische Dörfer, und deren Bewohner erlitten nur selten eine Malariaerkrankung, obwohl sie sich ebenfalls unter den Bäumen aufhielten. Aber statt das Wissen der einheimischen Bevölkerung zu nutzen, verurteilten sie diesen Baum als Auslöser für Fieber. So erhielt er von unwissenden Weißen den englischen Namen *Fever Tree.*«

»Und warum wurde der Baum nie umbenannt?«

»Ach …« Thabo winkt ab. »Was kümmert es den Baum, wie andere ihn nennen? Das ist doch nur ein Wort. Er weiß doch, was in ihm steckt. Und die, die ihn schützen und lieben und nicht nur an ihm vorbeiziehen, sondern in seiner Nähe leben, wissen es auch.«

Ich ließ Thabos Worte auf mich wirken und lehnte mich in

meinem Sitz zurück. Konnte es wirklich egal sein, wie andere dich sahen, wie sie dich nannten, wie sie über dich urteilten, solange du nur wusstest, wer du wirklich warst? Und wenn das so war, woher wusste ich, wer ich war und ob ich wirklich gut so war, wie ich war – oder ob ich auf einem Irrweg lief …?

Als wir in den Zufahrtsweg zur Lodge einbiegen, müssen wir unser Gepäck mit beiden Händen festhalten. Der kleine Minibus kommt nur langsam über die unbefestigte Sandpiste vorwärts, immer wieder nehmen wir Schlaglöcher mit, auch wenn Thabo versucht, sie vorsichtig zu umfahren.

Die Lodge selbst besteht aus einem großen Gemeinschaftsraum und acht kleineren Zelten, die zwar großzügig aufgestellt und mit einem riesigen Bett ausgestattet, aber ansonsten eher minimalistisch eingerichtet sind. Unseren Lunch bekommen wir nicht *à la carte,* sondern gemeinsam an einem langen Tisch serviert. Während das Essen aufgetragen und unser Gepäck in die Zelte gebracht wird, füllen wir unsere Gläser mit frischem Wasser oder kaltem Fruchtsaft. Noch vor einem Jahr hätte ich mich spätestens jetzt gefragt, ob ich hier überhaupt »richtig« war, ob der *content,* den ich hier finden würde, überhaupt zu meinen Followern passte.

Reisen, das hieß für viele Lifestyleblogger, die auf Instagram erfolgreich sein wollten, zu dem Zeitpunkt nämlich vor allem eins: Trenddestinationen, Luxushotels, exklusive Spa-Besuche, große Poolanlagen und dann natürlich auch dabei wieder – Status.

Wer (2016 war es *das* Foto in meiner Blogger-Bubble …) mit einem Kaffee in der Hand in einem der großen Fenster des W-Hotels in Barcelona oder Dubai aufwachte, bekam die meisten

Likes – und fühlte sich damit erfolgreich. Wer im Sommer nach Santorini aufbrach und sich dort mit ausgestreckten Armen vor den weißen Kuppeln mit den blauen Dächern fotografieren ließ, der machte alles richtig, der schien so pur und glücklich. Wer auf Bali oder in Thailand zwischen Blütenblättern im Infinitypool schwamm, der wurde beneidet oder bewundert, und wer schließlich noch im gehypten Carven Safari Dress durch Abu Dhabis Wüste streifte, der erlebte das perfekte Abenteuer.

Ich war in einem Infinitypool geschwommen, und dieser Moment zählt noch immer zu einem der schönsten, die ich je mit mir selbst auf einer Reise erleben durfte. Ich hatte über den Dächern von Santorini den Sonnenuntergang mit meiner Freundin Jenny gesehen – und ich war an diesem Abend tatsächlich unbeschwert glücklich gewesen.

Aber eines fehlte: die Freiheit und vor allem die Achtsamkeit, diese Momente nicht nur später, auf Bildern oder in meiner Erinnerung, sondern genau dann zu genießen, wenn sie auch passierten. Während der vergangenen Monate hatte sich in meinem Hinterkopf alles sofort um den *content* gedreht, wann immer ich die Möglichkeit hatte, mit einem Hotel zusammenzuarbeiten oder für eine Marke an einen neuen Ort zu reisen.

Ich erlebte die Destinationen wie durch einen Filter, der nur darauf ausgelegt war, die perfekte Umgebung für ein Foto zu finden, das ich noch am gleichen Tag posten *müsste*, um meine Follower an meiner Reise teilhaben zu lassen … Schon verrückt, wie wenig es mir darum ging, selbst zu entdecken, zu erleben, zu sehen – und wie sehr darum, von anderen gesehen zu werden. Wie viel Stress das eigentlich bedeutete und wie viel Fokus es von den Momenten nahm, die wirklich zählten – und die vielleicht nie wiederkamen!

Nach dem Mittagessen ziehe ich mich kurz in mein Zelt zurück, um mich frisch zu machen.

Die Dusche befindet sich an der Außenwand, zwar geschützt durch eine kleine Steinwand, aber trotzdem unter freiem Himmel und mit Blick auf den weiten Horizont dieses Landes, in dem ich noch nicht einmal 24 Stunden bin – aber das, ohne dass ich es genau beschreiben könnte, jetzt schon so viel in mir bewegt. Und ich nehme mir vor, jede einzelne Sekunde dieser Reise zu genießen und sie durch meine Augen hindurch zu erleben, nicht nur durch eine Linse, nicht durch eine App.

Natürlich mache ich auch heute noch gern Fotos von mir, natürlich liebe ich noch immer Mode, Outfits und Ästhetik, manchmal sogar bei meinem Frühstück – und ja, mittlerweile lebe ich in einer *Trenddestination* und liebe noch immer einen ausgiebigen Spa-Tag mit meinen Freundinnen. Aber der Grund dafür ist ein anderer: Weil es mir Spaß macht, weil es mich glücklich macht, nicht, weil andere sehen sollen, wie viel Spaß ich habe oder wie aufregend mein Leben ist, wenn ich es nur perfekt in Szene setze.

Zu fünft verbringen wir in den nächsten Tagen unzählige Stunden auf dem offenen Landrover, der sich mit uns und unserem Guide Franco durch das *bosveld* gräbt. Isa und ich haben ganz hinten Platz genommen, ich hatte schon während unserer Fahrt zum Reservat gemerkt, dass wir irgendwie klickten, ich mochte ihre Gesellschaft, ich liebte es, mit wie viel Leidenschaft sie versuchte, uns Redakteuren und Fotografen Südafrika näherzubringen, aber am meisten genoss ich ihre Art, zu reisen. Sie ist es zum Beispiel, die mich irgendwann an der Schulter berührt, während wir einer Gruppe Elefanten beim Baden zusehen, und sagt: »Lass das mal kurz sein, leg mal die Kamera weg, du hast genug Bilder. Die letzten Minuten, die sind nur für dich.«

Gemeinsam beobachten wir von unserer Rückbank aus nicht nur Impalas und größere Antilopen, Geparden, sogar Löwen in einer der späteren Abendstunden und lassen Giraffen und Zebras an uns vorbeiziehen – wir beginnen auch, über unsere Leben zu sprechen, lernen einander kennen. Ich erzähle ihr von meinen letzten Monaten, von den Zweifeln in meinem Kopf, sie hört zu.

»Mach mal die Augen zu«, sagt sie während eines *game drives* um 05:30 Uhr am frühen Morgen zu mir. Sie schließt ihre Augen, lehnt den Kopf zurück in den Nacken und atmet tief ein. »Riechst du das? Diese frische Würze, die in der Luft liegt? Das warme Holz, die mineralische Erde, all die verschiedenen Pflanzen und Kräuter um uns herum. Und dazu die Geräusche. Das Knacken der Äste, der Ruf der Vögel (heute weiß ich, dass sie von einem Burshell's Coucal sprach), das musst du speichern, voll und ganz in dich aufsaugen, das hier ist die purste Entschleunigung, die du finden kannst, wenn du bereit bist, sie zuzulassen.«

Ich tue es ihr gleich. Ziehe tief die Luft um mich herum ein und lasse mich von all den Geräuschen um mich herum einnehmen.

Es gibt viele Menschen, die behaupten, dass du, wenn du den Busch ein einziges Mal erlebt hast, nie wieder aufhören wirst, ihn zu vermissen, dass es dich immer wieder zu ihm ziehen wird, dass er etwas Magisches mit unserer Seele macht, dass er sie heilt, dass er ihr wieder Luft zum Atmen gibt. Ich glaube, an diesem Tag werde ich einer von ihnen.

»Und, wie hat es dir gefallen?«, fragt sie mich, während ich unsere Weingläser mit dem letzten Schluck Pinotage auffülle, der noch in der Flasche ist.

Die anderen sind schon ins Bett gegangen, aber Isa und ich sitzen noch am Feuer. Es ist unser letzter gemeinsamer Abend.

»Hm …«, mache ich, suche nach den richtigen Worten, die sich irgendwie kaum finden lassen.

»Bist du schon einmal an einen Ort gereist, den du eigentlich nie auf deiner Karte hattest, an den du nie wirklich viele Gedanken verschwendet hast, aber an dem du dich in dem Moment, in dem du ihn zum ersten Mal betrittst … richtig fühlst?«

Sie lacht leise auf und schüttelt kurz den Kopf.

»Es klingt bescheuert, ich weiß.« Ich vergrabe mein Gesicht in meinen Händen. »Ich bin gerade mal eine Woche hier, auf einer Pressereise, und klinge …«

»Nein, deswegen lache ich nicht. Es ist nur so … Ich höre diesen Satz nicht zum ersten Mal.«

Ich bin mir nicht sicher, ob sie von sich selbst spricht. »Manchmal braucht es nicht einmal eine Woche, nicht mal einen Tag, sondern nur eine Sekunde, um zu begreifen, was bis hierher vielleicht falsch war und warum es sich jetzt richtig anfühlt.«

»Ich wollte mich schon die ganze Zeit noch einmal bei dir bedanken.«

»Wofür denn?«

»Dafür, dass du mir eine Chance gegeben hast. Dass du mich

hierher eingeladen und mitgenommen hast. Und vielleicht auch dafür, dass du mehr in mir gesehen hast als nur eine ›Modebloggerin‹.«

»Du sagst das, als wäre es etwas Schlechtes …«

»Ich weiß nicht, in letzter Zeit denke ich das vielleicht, ja. Die Menschen sehen mein Profil, und dann sehen sie ein paar der Bilder, die ich teile, und haben so eine gewisse Vorstellung von mir. Dass ich oberflächlich bin, eine von vielen, dass ich mich für Marken verkaufe, dass ich keine richtigen Talente habe. Die meisten wissen nicht einmal, dass ich eigentlich Fotografin sein möchte und all meine Bilder selbst mache und sie zu Artikeln gestalte. Dass ich viel lieber authentische Reisereportagen in meinem Stil fotografieren möchte als mich selbst, aber wenn ich mich selbst fotografiere, bringt das eben mehr Klicks, mehr Aufmerksamkeit und damit … mehr Jobs. Die meisten Menschen lesen nicht einmal die kurzen Texte unter meinen Bildern, die interessiert nicht einmal, ob ich schreibe kann. Ich glaube, was ich sagen will, ist … danke, dass du genauer hingesehen hast.«

Isa sieht mich lange an, dann drückt sie kurz meine Hand. »Gern geschehen.«

»Ich muss die ganze Zeit an Thabos Geschichte über den Fieberbaum denken. Weißt du noch? Er hat gesagt: *Was kümmert es den Baum, wie andere ihn nennen? Er weiß doch, was in ihm steckt* … Aber woher weiß ich denn, was in mir steckt? Woher weiß ich, dass ich mich in die richtige Richtung bewege oder entwickle? Woher weiß ich, dass ich mich nicht verrenne? Manchmal, da denke ich: Ich brauche doch die Stimmen von außen, oder? So als Spiegel? Oder Kompass?«

Isa denkt lange nach, bevor sie mir antwortet. »Ich glaube, gerade in den letzten Jahren haben wir uns alle so sehr dahin entwickelt, dass uns wichtig ist, was andere Menschen über uns denken, wir legen auf einmal so viel Wert auf das, was fremde Menschen, die uns folgen oder unsere Social-Media-Profile ansehen, von uns halten. Und ist das nicht eigentlich absurd? Dass wir glauben, dass irgendein Trend oder irgendeine unbekannte Handvoll Menschen uns lenken soll? Dass deren Anerkennung mehr zählt, als unserer eigenen inneren Stimme zuzuhören – oder denen unserer engsten Vertrauten? Die Frage ist doch … bist du glücklich?«

»Gerade ja«, sage ich.

»Dann nimm das Gefühl mit – und halt es fest.«

Liebe Isa, ich habe es dir schon bei unserer Abreise gesagt, ich habe es dir schon in einer E-Mail geschrieben. Aber hier noch einmal: danke. Manchmal ist es wirklich nur ein Moment, ein Satz, ein Ort oder eben eine Reise, die dein Leben verändert. Ich wäre vielleicht nicht hier, wo ich gerade bin, hättest du damals nicht auf meine Mail geantwortet.

#19

Die, die mich fragte, worin ich gut bin

Woher wissen wir, worin wir gut sind?

Ich lerne Ellen auf einem meiner Rückflüge aus Kapstadt kennen. Ich sitze auf Platz 28A, direkt am Fenster, sie sitzt am Gang und neben mir. Während wir unser Handgepäck verstauen und ich es mir mit einem Kissen und einem Buch in meinem Sitz gemütlich mache, nimmt sie noch einen letzten Anruf an. Ich verstehe die Sprache, die sie spricht, gut genug, um sie als Afrikaans zu erkennen. Immer wieder mischt sie aber auch Englisch dazwischen.

»Mamma, ek moet nou ophang, the plane is already on it's way …«, sagt sie schließlich, verabschiedet sich noch ein paarmal und zieht sich danach die Kopfhörer aus den Ohren. »Tut mir leid, das war meine Mutter. Sie besteht darauf, dass ich sie vor jedem Flug noch einmal anrufe.«

»Ich schreibe meiner auch vor jedem Abflug und nach einer Landung eine Nachricht«, antworte ich und lächle ihr zu.

»Lebst du in Kapstadt?«, fragt sie mich und zieht ihren Gurt ein wenig fester, während die Flugbegleiter:innen noch ein letztes Mal durch die Reihen gehen.

»Nein, aber ich würde gern.«

»Oh, da bist du nicht die Einzige. Ich habe schon neben so

vielen Menschen gesessen, die Kapstadt nur ein einziges Mal besucht haben und danach eigentlich nie wieder zurückwollten.«

»Das Gefühl kenne ich ...«

Während meiner Rückreise von Madikwe hatte Isa noch zu mir gesagt: »Ich glaub, du musst mal nach Cape Town, ich hab so ein Gefühl, dass es genau das Richtige für dich sein könnte ...«

Und das war es. Ein paar Wochen später hatte ich mich auf eine Pressereise nach Kapstadt beworben und wurde tatsächlich eingeladen. Und schon während ich auf dem Weg vom Flughafen in den Kern der *mothercity* war, spürte ich, dass dieser Ort etwas ganz Besonderes für mich sein würde.

Ich habe schon so oft, schon in anderen Büchern und immer wieder auch in Gastartikeln oder in meinem Podcast über dieses Gefühl gesprochen, das mich vor mittlerweile sechs Jahren sofort einnahm, als ich zum ersten Mal diese Stadt entdeckte, auf den Lion's Head oder den Table Mountain kletterte, an den langen Sandstränden entlangspazierte, mir auf dem Chapman's Peak Drive den Wind durch die Haare fegen ließ, über die Weinländer fuhr oder mich in den kleinen Buchten sonnte und auch dort die Sonnenuntergänge genoss, die hier einfach nur magisch waren. Während ich mich durch all die verschiedenen Restaurants und Bars testete, mit dem Kajak den Boulders Beach und (hey, endlich!) seine Pinguine besuchte oder einfach nur zu Fuß über die Märkte schlenderte.

Es ist so eine Mischung aus purer Lebensfreude und sofortiger Sehnsucht, die du plötzlich für diesen Ort empfindest, den du auf einmal schon immer vermisst hast, obwohl du ihn eigentlich nie kanntest. Kapstadt ist nicht einfach nur eine Destination – es ist eine Stimmung, die du nur aufsaugen und auskosten und hoffentlich nie wieder loslassen kannst, die du für immer bei dir tragen willst.

Ich habe keine rationale Erklärung dafür – aber ich fühlte mich dieser Stadt sofort verbunden. Und ahnte schon in der ersten Nacht, dass sie mich vielleicht nicht wieder loslassen würde.

Als ich Ellen später während unseres 12-Stunden-Fluges davon erzähle, muss sie grinsen.

»Du bist nicht die Erste, die so fühlt. Und die vielleicht sogar – bald wieder zurückkommt?«

»Immer und immer wieder«, nicke ich.

»Vielleicht musst du irgendwann einfach mal ganz bleiben?«

»Ich wünschte, das ginge so einfach. Aber dafür bräuchte ich ja einen Job oder überhaupt mal eine Vorstellung davon, wofür man mich hier brauchen könnte.«

»Worin bist du denn gut?«

»Ich hab Marketing studiert und Design und Management.«

»Okay. Und worin bist du wirklich gut?«

Ich sehe sie für einen Moment verwirrt an. »Du meinst …«

»Ich meine nicht: Was hast du studiert, oder welchen Job hast du irgendwann mal auf dem Papier gelernt. Ich meine: Welche Talente hast du, die du förderst oder die dich fordern? Welche Stärken hast du, aus denen du echte Stärken entwickeln kannst?«

»Ich glaube … diese Frage hat mir noch nie jemand so gestellt.«

Wenn wir über unsere persönlichen Stärken oder Schwächen sprechen, dann sind es ganz am Anfang, wenn wir noch Kinder sind, lediglich eine Handvoll Eigenschaften, die man uns zuordnet. Wir sind dann entweder aufgeschlossen oder schüchtern, sanft oder wild, sensibel oder stur. Sobald wir zur Schule gehen, werden unsere Stärken zu Fächern. Wir sind gut in Mathe oder in Deutsch, vielleicht sportlich oder aber musikalisch begabt, lernen leicht oder etwas langsamer. Je älter wir werden, desto stärker verzerrt sich unsere Wahrnehmung sogar noch. Wir achten nicht mehr auf die Dinge, die wir wirklich gut können, sondern konzentrieren uns auf das, was uns einen guten Schnitt für unseren Schulabschluss und später eben eine Aussicht auf einen sicheren Job gibt.

Ich muss an einen Freund von mir denken, der auf die Frage, warum er eigentlich Wissenschaftler für Virologie geworden war und gerade an einem Heilmittel für Tuberkulose forschte, nie mehr antwortete als: »Ich war irgendwie immer gut in Bio und Chemie, und darum hab ich einfach etwas in der Art studiert und immer weitergemacht …«

Tatsächlich ist er aber zum Beispiel sehr geduldig, arbeitet gern sorgfältig und präzise, er fühlt sich mit Routinen wohl und kann sich am besten konzentrieren, wenn er seine Arbeit klar strukturiert, er ist neugierig, er löst Konflikte ausschließlich mit Fakten, und es fällt ihm leicht, Zusammenhänge zu erkennen und zu verstehen, gerade dort, wo andere nur Formeln sehen. Das ist es, was seine Begeisterung und vermutlich auch seine Begabung für diesen Job ausmacht.

Er hatte Glück. Seine Berufswahl, die er nur mithilfe der Frage traf, in welchen Schulfächern er eigentlich gute Noten erzielte, passte perfekt zu ihm. Bei mir selbst war ich da nicht so sicher.

Ich las gern, ich schrieb gern, ich diskutierte gern, ich scheute keine Auseinandersetzung, ich war gut in Latein und Deutsch, aber auch Geschichte. Aber das war nicht genug gewesen, um mit meinem Jurastudium glücklich zu werden.

Und jetzt? Hatte ich einen Abschluss als Markenmanagerin, ich wusste, dass ich gut darin war, Menschen und ihre Bedürfnisse zu verstehen, dass ich noch besser mit Worten umgehen konnte, dass ich unter Druck am kreativsten arbeitete. Das machte mich zu einer perfekten Kandidatin für die Werbung, aber dahin wollte ich nicht. Die paar Schritte, die ich als Bloggerin und bis vor Kurzem auch als Social-Media-Consultant in diese Richtung gegangen war, hatten mir gezeigt, dass nur Werbung zu kreieren mich nicht glücklich machen würde. Ich wollte auch nicht in den Einkauf, ich wollte meine Karriere nicht einfach nur auf immer neuen Konsumzielen anderer Menschen aufbauen, auch wenn es der lukrativste Weg für mich war, um möglichst schnell möglichst viel Geld zu verdienen. Aber es bedeutete mir nichts.

Und zumindest das wusste ich über meine Stärken und Schwächen: Nur, wenn mir ein Projekt wirklich wichtig war, nur, wenn ich wirklich überzeugt davon war – gab ich auch mein Bestes. Manchmal konnte das ein Vorteil sein, denn wenn ich wirklich für eine Idee brannte, setzte ich alles daran, sie auch umzusetzen, in solchen Momenten war es unmöglich für mich, aufzugeben oder zu scheitern, und für jedes Problem fand ich binnen Minuten eine Lösung. Wenn etwas, woran mein Herz hing, zu scheitern drohte, dann lief ich zur Höchstform auf. Aber genauso oft hatte ich auch schon die Nachteile dieser Eigenschaft an mir gespürt. Es fiel mir schwer, etwas durchzuziehen, wenn ich keinen Sinn darin erkannte, Projekte, die mir auf einmal nutzlos vorkamen, behandelte ich mit viel weniger Sorgfalt …

»Worin bist du denn gut?«, frage ich Ellen, als ich keine klare Antwort für mich selbst finde.

»Ich bin ein ziemliches Organisationstalent, aber nur, solange andere meine Listen abarbeiten«, sagt sie und zwinkert mir über den Rand ihres Bechers zu, aus dem sie einen Schluck

Orangensaft nimmt. »Ich kann gut mit Stress umgehen, und ich finde mich in neuen oder unerwarteten Situationen schnell zurecht. Ich bin nicht gern lange am selben Ort, und ich langweile mich schnell, wenn ich keine Fortschritte mehr erziele.

Ich liebe es, in komplizierte Probleme Ordnung zu bringen, und ich mag die Arbeit mit verschiedenen Menschen. Ich mag es, wenn sie sich in meiner Gegenwart wohlfühlen, und ich glaube, ich bin sehr gut darin, schnell neue Bekanntschaften zu machen.«

»Ja, kann sein«, antworte ich ihr mit einem gespielten Achselzucken, und wir müssen beide lachen.

»Und welchen Job machst du mit diesen Stärken?«

»Ich optimiere die Prozesse in Hotels. Das heißt, wenn ein neues Hotel aufgemacht wird oder aber ein schon bestehendes sich verbessern oder neu aufstellen will, komme ich dazu und erarbeite Routinen. Wie kann man ein Buchungssystem oder generell die Arbeit an der Rezeption effizienter machen? Wie kann der Service im Restaurant und an der Bar auf die Bedürfnisse der Gäste abgestimmt werden, wie spart man Zeit bei der Reinigung und ist dabei sogar noch gründlicher? So etwas. Wenn ich es schön ausdrücken möchte, dann sage ich: Ich helfe mit verbesserten Abläufen nicht nur dabei, dass ein Hotel mehr Gewinn macht, sondern auch wieder die Zeit findet, sich auf seine Gäste zu freuen und sich auf sie einzustellen.«

»Wow ...«

»Was denn?«

»Du hast es gerade geschafft, dass ein Job wie ›Prozessoptimierer‹, der eigentlich furchtbar langweilig klingt, auf einmal wie deine Berufung erscheint.«

»Darum geht es doch, oder? In etwas, worin du wirklich gut bist, deine Nische zu finden und den Job auch ein Stück weit zu einem Teil von dir zu machen, anstatt ihn einfach nur anzunehmen, ganz gleich, ob er auch passt. Ich meine, wir verbringen gut 70 % unseres Tages entweder mit unserem Job oder zumindest mit Gedanken an ihn. Da will ich wenigstens, dass er die meiste Zeit das von mir fordert, das mir auch Spaß macht und womit ich wirklich einen Unterschied leisten kann, der mich am Ende auch stolz macht.«

Ich nicke. »Hast du das immer gewusst?«

»Oh Gott, nein, ich habe erst ein paar Jobs machen müssen, die einfach falsch für mich waren, bis ich irgendwann angefangen habe, umzudenken. Ehrlich gesagt musste auch mich erst jemand ganz direkt fragen: Hey, Ellen, worin bist du eigentlich gut? Und dann hab ich endlich mal versucht, das herauszufinden … Ich meine, es ist fast schon verrückt, wie sehr wir verlernen, auf die Skills oder Talente zu achten, die uns ganz natürlich zufallen.«

Worin bin ich gut? Die Frage ließ mich auch nach dem Flug lange nicht los.

War etwas, worin ich gut war, automatisch das, was mir Spaß machte? Oder steckte die Antwort noch viel tiefer in mir?

»Ich liebe Worte. Und ich bin gut darin, sie zu finden. Ich entdecke gern neue Dinge, lasse mich gern auf das Unbekannte ein und mache es dann zu einer Erinnerung – am liebsten mit meiner Kamera. Momente einzufangen, sie festzuhalten und mit anderen zu teilen, das macht mich glücklich. Ich bin gern unterwegs, und ich bin gut darin, mich überall auf der Welt zu Hause zu fühlen, ich brauche dafür nicht viel, ich brauche generell nicht viel, um glücklich zu sein, auch wenn ich mich daran immer mal wieder erinnern muss. Ich bin gern mit mir allein, ich arbeite gern stundenlang und ungestört, wenn meine Kreativität es zulässt, aber ich brauche genauso oft Abwechslung, neue Arbeitsorte, manchmal die Ruhe der Natur und

manchmal wieder die Geräusche der immer beschäftigten Stadt, um sie neu aufzuladen. Ich liebe die Geschichten anderer Menschen, ich kann gut zuhören, ich sauge manchmal die Gefühle anderer wie ein Schwamm auf, so lange, bis ich sie verstehe. Ich bin gut darin, Menschen mit meiner eigenen Energie mitzureißen, und in der Lage, sie an mir selbst dann auch wieder aufzuladen ...«

Ich schreibe diese Worte in ein Notizbuch, mit der Zeit kommt immer mehr hinzu, mit jeder neuen Zeile beginne ich ein bisschen mehr zu begreifen, wie ich meine Stärken nutzen konnte, was zu mir passte und was ich loslassen musste. Ich musste zum Beispiel nicht einmal meine Karriere wechseln oder noch einmal etwas ganz anderes lernen (und das wäre genauso okay gewesen), ich musste nur meinen Platz zwischen all den Möglichkeiten finden, der auch zu mir passte, vielleicht würde ich den Job auch selbst erfinden, in dem ich all das tun konnte, worin ich wirklich gut war. Ich wusste nämlich tief in mir längst, dass ich den Mut dazu hatte und mich nach dieser neuen Herausforderung sehnte.

Worin bist du gut?

#20

Vorbilder: Gesa Neitzel

Name:
Gesa Neitzel

Beruf:
Rangerin, Fotografin & Autorin

In einem Wort:
Lebendig

In einem Satz:
Gesa Neitzel ließ sich 2015 zum Safari Guide im südlichen Afrika ausbilden und verliebte sich in das Land, woraufhin sie ihren Job als Fernsehredakteurin in Berlin kündigte und dauerhaft in den afrikanischen Busch zog.

Gefunden:
Ich saß am Flughafen in Frankfurt, meine Maschine nach Paris, wo ich für ein paar Tage als Fotografin arbeiten sollte, hatte Verspätung, also kaufte ich mir einen Kaffee und ein Taschenbuch. »Frühstück mit Elefanten« hieß es. Als ich es nur vier Stunden später ausgelesen hatte, landete

ich gerade auf dem Charles de Gaulle Airport. Auf 368 Seiten erzählt Gesa davon, wie ihr neues Leben als Rangerin mitten in Afrika mit einer Idee, mit einem Gefühl begann und schließlich zu ihrer Bestimmung wurde. Nach ihrem ersten Bestseller schrieb sie noch drei weitere Bücher, über ein achtsameres, entschleunigtes Leben, über ihre Reise durch den afrikanischen Kontinent und ihre Gedanken zu unserer Rolle in der Natur.

Vielleicht fühle ich mich ihr so verbunden, weil sie Afrika genauso liebt, wie ich es tue, auch wenn wir es auf unterschiedliche Arten entdeckt haben und in unterschiedlichen Teilen des Kontinents leben. Aber seit diesem Buch lässt mich Gesas Geschichte nicht los.

Es ist die von einer Frau, die auf der Suche war – nach sich selbst, nach dem Leben, das sie glücklich machen würde. Es ist die Geschichte einer Frau, die mutig genug ist, ihre Träume zu leben, die nicht nur davon erzählt oder sich in ihnen verliert, sondern tatsächlich all das, was sie kannte, hinter sich ließ, um ihrer inneren Stimme zu folgen.

Während ich ihre Bücher lese, wünsche ich mir nicht selten, ich könnte mein Leben gegen ihres tauschen. Und dennoch – und vielleicht ist genau das der Zauber hinter Gesas Worten – fühle ich mich bestärkt, ermutigt und inspiriert, mein eigenes Leben nur noch mehr zu umarmen und mit jeder Faser zu leben.

Gelernt:

Sobald du dich bewegst, sobald du den ersten Schritt machst, ändert sich alles um dich herum. Du kannst jederzeit losgehen, du kannst jederzeit das Leben ändern, das nicht zu dir passt, und das finden, was du dir so sehr wünschst.

Ein Zitat von Gesa:

»In einer Welt, in der dich alles permanent anschreit, um deine Aufmerksamkeit zu erregen, ist es eine fast unersetzliche Kraft, die Stille in dir hören zu können.«

#21

Die, die eine Narbe hinterlassen hat

Ich glaube, sie war meine beste Freundin. Zumindest in diesen Monaten, zumindest für mich.

Sie war diejenige, mit der ich den schönsten Sommer hatte, mit der ich mich durch die längsten Staus und größten Menschengruppen tanzte, nein, stolperte, mit der ich durch Europa reiste, nächtelang das Leben diskutierte, Gedanken und Hotelzimmer teilte. Sie war die Erste, die ich morgens auf meinem Bildschirm aufblinken sah, genauso früh wach wie ich, genauso verliebt in das frühe Morgengrauen und darin, den heißen Kaffee auf dem Balkon zu trinken, die nackten Füße über die Brüstung zu lehnen, während alle anderen noch schliefen. Sie war die Erste, die ich anrief, wenn mir etwas Schönes oder auch Schlechtes passiert war, die Erste, die meine noch frischen Träume kennenlernen oder meine noch rohen Texte lesen durfte.

Solange wir uns an der Oberfläche bewegten, konnten wir miteinander in die Tiefe gehen.

Konnten uns voneinander oder von der Welt erzählen, die wir noch erkunden wollten, gemeinsame Pläne schmieden oder einfach nur bunt ausmalen. Solange wir Reisen, Sehnsüchte, Festivals und Sonnenuntergänge teilten, solange unsere fixen Ideen zueinanderpassten, solange wir in die gleiche Richtung unterwegs waren, funktionierten wir, inspirierten uns, waren manchmal die Funken füreinander, die der anderen noch gefehlt hatten, um aus einem Wort einen Satz oder aus einem losen Gefühl einen Wunsch oder sogar Glück zu machen.

Vielleicht waren wir zusammen die allerschönste Wunderkerze, angezündet während der besten Stelle eines richtig guten Songs, immer neuer Glitzer, so magisch anzusehen, einen Moment lang.

Es war ein Streit, der uns trennte. Der erste.

Erst ein paar unbedacht gesagte Worte, dann viele bedacht verletzte Gefühle.

Und später eine tiefe Narbe. Zumindest für mich.

Mittlerweile jahrelang hatte ich an meinem ersten Manuskript geschrieben, immer wieder neue Auszüge in meiner Kolumne veröffentlicht, so viele Texte skizziert und dann doch wieder ins Archiv gelegt. In meinen Kapiteln erzählte ich in einzelnen Anekdoten von meiner Reise durch gute oder miese Dates, Beziehungen, Trennungen – aber vor allem von der Reise zu mir selbst.

Ich schrieb in diesem Buch davon, wie es sich anfühlte, sich immer wieder und wieder kopfüber in die Liebe zu stürzen, ohne Netz und doppelten Boden.

Als der erste Verlag mir antwortete, mir eine Option auf ein Buch gab, feierte ich es mit ihr. Als der Verlag absprang, war sie diejenige, die mich tröstete, die mir nicht nur den Rücken stärkte, sondern auch meine Zweifel verstand, weil sie auch schrieb, wenn auch nicht über Dates oder Männer, aber eben auch über

Gefühle, über unser Inneres. »Deine Worte sind so einzigartig, sie sind in jedem Text, in dem du steckst, sofort wiederzuerkennen. Ich liebe jede deiner Kolumnen, und irgendwann werde ich dein Buch lesen und es nur noch mehr lieben«, hatte sie einmal zu mir gesagt. Heute klingt das in meiner Erinnerung fast wie Ironie.

Vielleicht hatte es zu lange gedauert, bis ich neuen Mut sammelte, wieder an mich selbst glaubte und noch einmal nach einem Verlag für mein Manuskript suchte, ihn schließlich fand. Ich hatte sie anrufen wollen, hatte an sie gedacht, als ich die Tinte unter meinen Vertrag setzte. Aber irgendwie hatte ich nicht die richtigen Worte gefunden. Und sie fehlten mir noch immer, als ich nur wenige Monate später erfuhr, dass auch sie ihr erstes Buch veröffentlichen würde, als ich den Titel sah, als ich die Beschreibung las, die hätte meine sein können.

Ich teilte mit niemandem, wie ich wirklich fühlte, wie sehr es schmerzte, was es genau war, das da eigentlich schmerzte. Ich spulte einfach immer nur die gleichen Phrasen ab, dass ich mich für sie freute, dass ich ihr nur das Beste wünschte. Und irgendwie stimmte das ja auch.

Es ist nicht so, als könnte ich ihr irgendetwas neiden, das ich nicht auch selbst, aus eigener Kraft geschafft hätte. Ich meine, aus meinem ersten Buch wurde ein zweites, aus dem zweiten längst dieses hier, das dritte, und gerade schreibe ich schon am vierten. Es ist sogar so, dass ich stolz auf sie bin, auf eine weitere Frau, die ihre Träume frei leben darf und die dabei ist, zu sich selbst zu werden. Es ist kein Gefühl der Konkurrenz, es ist kein Kräftemessen aneinander, kein Wettrennen um den Erfolg, das vielleicht nie ganz egal sein wird – es ist dieses dumpfe Stechen, das ich spüre, wenn ich an uns denke, wenn ich manchmal durch alte Bilder oder ihr Profil blättere.

Einmal schaut mir Maggs über die Schulter, während ich an einem Sonntagabend in den Kissen ihrer Couch lehne, durch Reel wische, hängen bleibe. »Vermisst du sie manchmal?«

»Oft irgendwie. Oder vielleicht auch nur gerade jetzt.«

»Warum gerade jetzt?«

»Weil ich glaube, sie würde das hier mögen, also Südafrika, das Leben hier, das Entdecken.«

»Hast du eigentlich irgendwann noch mal mit ihr gesprochen?«

Ich nicke, dann sperre ich den Bildschirm und lasse das Handy neben mich rutschen. »Sie hat mir vor ein paar Monaten geschrieben. Hat mich gefragt, ob ich vielleicht einen Kaffee mit ihr trinken gehen möchte ...«

»Und?«

»Ich hab abgesagt. Es ist zu viel passiert. Und damit meine ich nicht das Buch.«

»Was genau ist denn eigentlich zwischen euch passiert?«

»Tut mir leid, aber das Leben ist zu kurz, um zu streiten. Was mir nicht gut tut, will ich nicht diskutieren, sondern einfach nur loslassen. Und um ganz ehrlich zu sein: Du bist einfach zu intensiv, Lina, du hast so viele Gefühle und so viele Emotionen, du bist manchmal so schwer und so kritisch. Immer musst du durch alles hindurchgehen und hindurchfühlen. Ich, ich bin lieber leicht. Ich liebe einfach lieber das Leben. Ich denke nicht so viel nach, ich umarme es einfach, und ich glaube, ich will mich lieber mit Menschen umgeben, die das auch können, und mich von denen entfernen, die mir einfach keinen positiven Input mehr geben«, hatte sie mir damals geschrieben, während unser Streit sich zu einem abrupten Ende entfachte. Und wenn ich nur daran denke, geschweige denn diese Sätze mit irgendjemandem teile, zieht sich noch immer alles in mir zusammen.

»Wir hatten einen Streit, eine dumme Meinungsverschiedenheit, die sich einen Abend hochgeschaukelt hat. Und das reichte aus, um aus all den Eigenschaften an mir, die sie doch eigentlich mal so gerngehabt hatte, welche zu machen, die in ihrem Leben keinen Platz haben durften.

Aus ehrlich wurde intensiv, aus authentisch wurde kritisch, aus stark wurde anstrengend, aus mutig wurde rechthaberisch, aus empathisch wurde beengend. Weißt du, wie weh das tut? Wenn dir jemand sagt, dass du für sie der Mensch bist, der sie besser versteht als sie sich selbst, der immer da ist, immer zuhört, immer mitlebt, mitliebt, der sie inspiriert und antreibt – und dann auf einmal, über Nacht, bist du nur noch das, was sie loswerden will, um sich ein bisschen leichter zu fühlen?«

»Klingt so, als wäre das, was sie manchmal am liebsten an dir mochte, auch das gewesen, was sie am meisten störte.«

»Wie meinst du das?«

»Kennst du das nicht? Ein Mensch, der Gefühlen wirklich auf den Grund gehen kann, der dann auch noch alles, was er dort so findet, in Worte fassen kann, der mutig ist, die Fragen zu stellen, vor denen andere vielleicht gerade noch Angst haben, und bei der Suche nach Antworten schonungslos ehrlich ist – ist auf jeden Fall inspirierend. Bis er dir dann mal zu nahe kommt, bis er dich dann mal hinterfragt, bis aus Inspiration ein Unbehagen wird. Bis du dich von ihm nicht mehr angetrieben, sondern geschubst fühlst. Und auf einmal sind diese Klarheit und Tiefe nicht mehr bereichernd, sondern beengend.«

Ich nicke und lasse meine Schultern sinken. Genau das, nicht mehr bereichernd, nur noch beengend. So hatte ich mich vermutlich nicht nur für sie, sondern auch schon für andere Menschen angefühlt.

»Hey, nein, so meine ich das nicht«, sagt sie, als hätte sie meine Gedanken an meinem Gesicht abgelesen. »Du warst nicht zu intensiv, sie war nur einfach nicht bereit. Diese Überforderung, die sie vielleicht dabei gefühlt hat, dass du offen streiten oder verletzte Gefühle zulassen wolltest – die gehört ihr allein. Und anstatt sie gegen dich zu verwenden, dich wegzuschieben oder kleinzumachen, hätte sie ja auch genauso gut zulassen können, vor dir verletzlich zu sein. Aber es ist eben leichter, einen anderen Menschen negativ zu nennen und damit einen guten Grund zu haben, ihn loszuwerden, als sich selbst die eigene Unsicherheit vorzuhalten.«

»Weißt du, ich war negativ. Es gab eine Zeit in meinem Leben, da war ich traurig, und ich war irgendwie verloren und darum fast schon bitter. Und ich hab es zugegeben, war genauso *beengend ehrlich* zu mir selbst. Habe einen langen, ungeschulten Blick in den Spiegel geworfen und verstanden, dass ich gerade nicht die war, die ich sein wollte. Dass ich meine Perspektiven, dass ich vor allem mich ändern muss und nicht einfach nur mein Umfeld. Ich hab aus meinen Fehlern lernen wollen, und ich tue es noch – und wenn ich heute auf mich schaue, dann bin ich stolz auf die Frau, die ich gerade werde. Und trotzdem schäme ich mich manchmal, trotzdem wünschte ich manchmal, ich könnte da ein paar Sachen einfach ausradieren. Kannst du dir vorstellen, wie weh das tut, wenn ein Mensch, dem du vertraust, dem du davon erzählt hast, den du so nah an dich herangelassen hast, dann dein Innerstes als Munition gegen dich verwendet? Als Rechtfertigung, um dich nicht mehr gernhaben zu müssen? Meine vielen Emotionen und Gefühle und Gespräche, bei denen ich ja immer so anstrengend tiefer gehen musste, die sind dann zwar irgendwann einfach nicht leicht oder schön genug gewesen, die haben ihr einfach keinen positiven Input mehr gegeben, aber sie waren trotzdem gut genug, um sie noch einmal im ein oder anderen Kapitel zu erwähnen? Ehrlich jetzt?«

Ich bemerke erst jetzt, wie sich meine Stimme überschlägt, als könnte sie endlich eine lange verschwiegene Last und so viele liegen gebliebene Worte loswerden.

»Hast du ihr das irgendwann mal so gesagt?«

»Wozu denn? Damit sie nur einen weiteren Grund hat, um mich negativ zu nennen, um sich darin bestätigt zu fühlen, dass sie die Größere von uns beiden ist? Sie ist diejenige, die über den Dingen stehen kann, klar, und ich bin diejenige, die eben doch lieber am Schmerz festhält, als ihn loszulassen. Wenn ich keinen Kaffee mit ihr trinken gehe, dann nur, weil ich offenbar noch nicht vergeben kann. Wenn ich sie jetzt noch auf eine alte Verletzung anspreche, dann nur, weil ich offenbar noch nicht imstande war, sie selbst zu heilen. Ich kann ja nicht einmal sagen: Also mich musstest du loswerden, aber meine Gedanken, die durften bleiben? Und die waren auf einmal doch noch *Inspiration* für die ein oder andere Zeile in deinem Manuskript? Denn wenn ich es nur laut denke, kann ich schon hören, welches Echo sich da so spielend leicht zusammenstellen lässt: Oh, schade, dass du anderen Frauen den Erfolg nicht gönnen kannst. Es ist so *fucking* leicht, sich um jede Verantwortung herumzudrücken, wenn man nur schnell genug die andere Frau als *negativ* und dementsprechend leider *toxisch* hinstellt. Dann musst du nur mitleidig seufzen und mitleidig den Kopf schütteln, nicht mal mehr antworten. Es ist, als hätte ich gar keine eigene Stimme in der Sache, nur eine Rolle, die sie mir übergestülpt hat.«

»Aber du weißt ja, dass sie nicht wahr ist?«

»Und trotzdem ist sie da. Trotzdem sitzt sie mir manchmal

klamm im Nacken, wenn ich neue Menschen kennenlerne, ein Teil von einem neuen Projekt werde, wenn mich jemand in einem Gespräch nach meiner Meinung fragt oder wenn ich Menschen wieder näherkomme – so wie dir. Dann spüre ich, wie ich mich ein bisschen stiller mache, ein bisschen bequemer, einfach ein bisschen weniger von mir selbst bin. Und ich hasse es. Ich wünschte, ich könnte es einfach hinter mir lassen. Aber wann immer ich an sie denke oder sie vermisse – kommt auch das wieder hoch.«

Manche Narben schmerzen vor allem, wenn wir daran erinnert werden, wie wir sie bekommen haben.

Manchmal reicht es aus, denen, die uns verletzt haben, still zu vergeben, um sie verblassen zu lassen, manchmal ist die Distanz zwischen uns und der Erinnerung das, was das Pochen lindert. Und manchmal ist das, was wir eigentlich hören müssen, um unsere Narben zu vergessen:

»Es tut mir leid.«

Nicht als Waffe, nicht als Ausrede, nicht als schnelle Lösung für einen Streit – sondern, wenn es uns wirklich leidtut. Wenn wir es richtig benutzen, wenn wir es ernst meinen, wenn unsere Taten unterstreichen, was unsere Worte sagen – dann ist »Es tut mir leid« perfekt. Dann ist es vielleicht sogar eine Erlösung.

#22

Die, die ihr Gesicht zur Sonne richtete und auf die Wellen wartete

Ich lerne Nomathemba während meiner Reise nach Madikwe kennen. Sie ist unsere Gastgeberin in der Lodge, und wenn wir nicht auf Safari sind, sondern in der Lodge nach dem schwachen WIFI-Signal suchen oder uns in unsere Aufzeichnungen vertiefen, ist sie es, die uns mit frischem Obst oder Getränken versorgt. Eines Nachmittags, während ich an meinem kleinen Handybildschirm versuche, einige E-Mails aufzurufen, bringt sie mir ein Stück Kuchen und einen Rooibostee.

»Danke schön«, sage ich und lächle ihr zu, während mein Blick schon zurück auf mein Postfach fällt.

Die E-Mail ist geladen. Es ist die Antwort von einem der Verlage, dem ich vor einiger Zeit ein Exposé geschickt hatte. Sie lehnen ab. Haben kein Interesse.

»Alles in Ordnung?«, fragt sie mich, während sie die Teller vor mich auf den kleinen Beistelltisch stellt. Ich zucke erst mit den Schultern, dann wische ich mir mit den Händen durchs Gesicht.

»Ich, uhm, ich versuche gerade herauszufinden, wie mein Leben, also wie meine Karriere weitergehen soll, und es, na ja, läuft nicht so gut. Das hier ist eine Mail von einem Verlag, bei dem ich gern ein Buch veröffentlicht hätte, aber sie finden es nicht gut genug.«

»Schreiben sie das wirklich so?«

»Nein, sie schreiben nur, dass ich nicht das bin, was sie gerade suchen.«

Die Enttäuschung pocht in meiner Stimme.

»Dann weg damit, klapp diese Mail da zu. Eine bessere wird kommen. Und bis dahin …« Sie schiebt das Stück Kuchen dichter an mich heran, aber ich schüttle mit dem Kopf, verschränke erst die Arme vor meiner Brust und lasse sie dann doch wieder fallen.

»So einfach ist das nicht. Das, dieses Buch, das sollte sozusagen ein neuer Anfang werden.«

»Vielleicht war es noch nicht der richtige?«, fragt sie und setzt sich auf den leeren Hocker, der neben mir steht. Sie streicht sich ihren Rock glatt und wartet einen Moment ab, bevor sie weiterspricht.

»Weißt du, welche Frage mir unsere Gäste ganz oft stellen, wenn sie beim Abendessen sitzen und sich über die Sichtungen und Begegnungen mit den Tieren im Busch unterhalten, die sie gerade erst erlebt haben?«

»Nein?«

»Sie fragen mich: Nomathemba, welches ist dein Lieblingstier von allen Tieren in Afrika? Die meisten Menschen wählen ein starkes oder ein schnelles Tier. Einen Löwen oder einen Leoparden. Aber ich wähle die Schildkröte.«

Nomathemba legt ihre Handflächen auf ihren Knien ab, dann beginnt sie zu erzählen:

»Ich bin in Mosambik aufgewachsen, in einem kleinen Ort in der Nähe der Küste, ein paar Stunden von Maputo entfernt, und jedes Jahr, wenn die Meeresschildkröten zurück an Land kommen, um am Strand ihren Nachwuchs zu vergraben, kann man im warmen, klaren Wasser mit ihnen schwimmen. Du musst nicht einmal weit hinaus, manchmal findest du sie schon in den ersten Wellen hinter dem Wildwasser. Als ich klein war, habe ich Stunden mit meinen Freunden auf der Suche nach Schildkröten verbracht. Ich habe es geliebt, sie zu beobachten oder einfach neben ihnen durch das Wasser zu tauchen.

Die Schildkröten sind aber die meiste Zeit einfach nur an uns vorbeigezogen, es war unmöglich, genauso schnell zu schwimmen. Und dabei ist eine Schildkröte ja nun eher ein behäbiges, langsames Tier. An Land kämpft sie um jeden Zentimeter, aber sobald sie die Wellen erreicht, scheint sie beinahe schwerelos.

Mein Vater erklärte mir dann eines Nachmittags das Geheimnis, das eigentlich so offensichtlich ist:

Wenn eine der Wellen auf den Strand zuschwappte und der Schildkröte ihren Weg abschnitt, ließ sie sich sofort treiben, sie paddelte vielleicht gerade genug, um ihre Position zu halten, aber sie kämpfte nicht gegen die Welle an, sie versuchte nicht, ihr zu entkommen. Wenn die Welle schließlich wieder Kraft sammelte und ihre Strömung sich zurück in den offenen Ozean zog, paddelte die Schildkröte schneller, um sich im richtigen Moment mittragen zu lassen.

›Nomathemba‹, sagte mein Vater: ›Sieh genau hin. Die Schildkröte ist nicht stärker oder schneller als andere Tiere, sie ist sogar kleiner, unscheinbarer, aber sie lebt im Einklang

mit sich und ihrer Umwelt – und gelangt durch
kluge Entscheidungen trotzdem immer an ihr
Ziel.‹«

Mit dem Finger tippt sie sich auf die Stirn.
»Die Geschichte ist immer hier drin. Ich hab sie
nie vergessen. Ich habe mir immer gesagt, ich
will wie die Schildkröte sein. Weil sie weise ist
und versteht, wie sie ihr Ziel erreichen kann,
egal wie wild die Gezeiten um sie herum sind. So
viele Menschen kämpfen ihr Leben lang, sie sind
so müde, so müde, so erschöpft – und trotzdem
immer noch genau da, wo sie angefangen haben.
Weil sie nicht hinsehen, weil sie nicht verstehen, welche der Wellen sie tragen und welche sie
bremsen werden.«[1]

Ich nicke stumm. Und ich weiß genau, was sie meint. Vielleicht
bin ich hin und wieder sogar einer von diesen Menschen, ich
glaube, ich bin es sogar jetzt gerade, in diesem Moment.

Es passierte mir so oft, und es würde mir noch so viel öfter in
meinem Leben passieren: Ich konzentrierte mich auf die falsche
Perspektive, ich kämpfte immer wieder gegen zwei Kritiker im
Raum an, statt mich von den anderen acht Befürwortern be-
flügeln zu lassen. Ich verbrachte mehr Zeit damit, anderen beweisen zu wollen, wer ich nicht war oder aber *wirklich* war, statt
meine Energie in mich selbst und den Menschen zu stecken, zu
dem ich doch gerade wurde. Ich fühlte mich von einer einzigen
Absage darin bestätigt, dass ich es nicht schaffen würde, statt

---

1 Nomathembas Vater war nicht der Einzige, der das Geheimnis der Schildkröten ent-
deckt hatte. Ein paar Monate, nachdem sie mir die Geschichte erzählte, las ich »Das
Café am Rande der Welt« von John P. Strelecky – auch er erzählt von der Kunst der
Schildkröten, sich die richtigen Wellen auszusuchen.

darauf zu vertrauen, dass zu einem anderen Zeitpunkt vielleicht Zusagen kommen würden, dass das Timing meines Lebens vielleicht noch ganz andere Pläne mit mir hatte.

»Du darfst nicht aus den Augen verlieren, wohin du willst und was dafür wichtig ist. Wann du ans Ziel kommst, das kannst du nur bedingt beeinflussen, Lina, aber ob du dich müde machst, ob du irgendwann zu erschöpft bist, um weiterzumachen, oder ob du dein Gesicht zur Sonne wendest, deine Kraft für sie sparst, abwarten lernst, dann die richtige Welle erkennst und mit allem, was du hast, in sie hineinpaddelst, damit sie dich zum nächsten Ziel tragen kann: Das liegt ganz bei dir.«

#23

Die, mit der ich wachsen kann

Liebe Magdalena,

22 Kapitel lang habe ich in diesem Buch nach (m)
einer Richtung gesucht, mich manchmal verirrt,
verlaufen, hab in Sackgassen gesteckt, bin um-
gedreht oder hab neu angefangen. In Kapitel 23
bin ich zurück in Kapstadt, bin zum ersten Mal
wirklich dort, wo ich mich irgendwie *richtig*
fühle (auch wenn richtig so ein komisches Wort
ist, es ist das einzige, das passt), wo es zwar
von nun an nicht weniger herausfordernd wird, wo
ich auch wieder auf Hürden oder neue Kreuzungen
treffen werde, aber keine Angst mehr davor habe.
Es ist, als wäre in Kapstadt ein Motor in mir an-
gesprungen, als würde irgendein Kompass in mir
auf einmal funktionieren.

Das hier ist das Kapitel, in dem ich begreife,
dass ich endlich weiß, was ich will. Auch wenn
ich es noch nicht in Worte fassen kann, ich weiß,
dass es hier ist.
Und es kann kein Zufall sein, dass es an dem
Abend beginnt, an dem ich dich treffe. An dem wir

ein Glas Wein auf der Dachterrasse des Yours Truly auf der Kloof Street trinken, nur zufällig am selben Tisch landen, anstoßen, stundenlang keinen Punkt und kein Komma mehr setzen, irgendwie klicken, vermutlich denken wir uns beide nicht viel dabei – aber seit diesem Sonntag haben wir uns seit vier Jahren nicht mehr aus den Augen verloren. (Ja, okay, man könnte auch sagen: Du bist mich einfach nicht mehr losgeworden.)

Du bist die, die zuerst mutig war. Du lebst schon hier, als ich herkomme, und du bist es, die in einer fremden Stadt, in der ich so unbedingt einen Platz finden will, schon längst einen für mich hat.

Du bist die, mit der ich mich durch einen Dschungel von Deadlines, Abgaben, Assignments, schlecht oder gar nicht bezahlten Jobs schlage, die, die für die Abende, an denen wir beide nicht mehr weiterwissen, eine versteckte Flasche Wodka im Schrank hat *(»... nur einen Schluck und nur in echten Notfällen!«)* und am nächsten Morgen ein paar neue Pläne. Ich meine, in unsere letzten vier Jahre passen eigentlich 40 hinein.

Du bist die, die Kapstadt zu dem Zuhause macht, das es für mich ist.

Du bist die, mit der ich meine Träume verwirkliche, mit der ich sie nicht nur ausmale, sondern wirklich wahr mache.

Du bist die, mit der ich am liebsten reise, entdecke, strande, zwischen Ligurien und Mailand im dichten Nebel versinke, auf griechischen

Fähren das Gesicht stumm in die Sonne halte, mich kreischend in 15 Grad kalte Wellen werfe oder im Schnee Champagner aus Kaffeebechern trinke.

Du bist die, gegen die ich am liebsten verliere (nur beim UNO) und mit der ich mich noch lieber verliere.

Du bist die, der ich vertraue, mich anvertraue.

Du bist der Grund, warum ich so viele Dienstage mag.

Du bist die, die mich meine Fehler nicht allein machen lässt.

Du bist die, bei der ich einfach nur ich selbst bin.

Du bist der beste Teil des Teams, das ich immer finden wollte.

Und vor allem bist du die, mit der ich wachsen kann, zu der ich nicht einfach nur eine Zeit lang passe, sondern neben der ich immer mehr zu der Frau werden darf, die ich wirklich sein will.

#24

Die, die sich wohlfühlt

Wir lassen die Beine im eiskalten Wasser baumeln, es sind, obwohl es schon früher Abend ist, noch immer beinahe 26 °C, aber in den Ozean trauen wir uns trotzdem noch nicht. Nandi ist die Einzige, die darin schwimmt, wir anderen behaupten, dass wir gleich nachkommen würden, sitzen aber schon seit Stunden einfach nur auf den Steinen in einer kleinen Bucht in Kapstadt und sammeln Sonnenmomente.

Neben mir liegt Charlotte und liest, Ruthy lehnt gegen einen kleinen Felsvorsprung, hat den Kopf zurückgelegt und die Augen geschlossen. In der Mitte liegen zwei leere Pizzakartons, die wir mit ein paar Flaschen beschweren, mit denen wir gerade noch auf einen der schönsten Sommertage des Jahres angestoßen haben.

Ich ziehe meine Füße aus dem Wasser, stelle sie auf und lege mein Gesicht auf meine Knie, während mein Blick still auf dem Horizont ruht.

»Woran denkst du?«, fragt Ruthy mich.

»Daran, dass ich mich gerade einfach nur wohlfühle.« Und still, füge ich in Gedanken hinzu.

… und dass es viel zu lange gedauert hat, hier anzukommen, aber trotzdem oder genau deshalb jeden Schritt wert war …

An den Strand zu gehen, das hieß früher für mich: früh ankommen, die Schuhe ausziehen, durch warmen Sand laufen, einen guten Platz finden, mich zögerlich ausziehen, den Moment vorbeigehen lassen, in dem ich mich nackt und vor allem so fühlte, als würden meine Freundinnen erst einmal scannen (selbst wenn sie es nicht taten, selbst wenn das alles nur in meinem Kopf stattfand), wie sich mein Körper seit dem letzten Winter verändert hatte (besser, schlechter, schlanker, nichts davon?), dann schnell eine vorteilhafte Pose finden, in der ich liegen konnte, und – den ganzen Tag den Bauch einziehen. Ich will damit nicht sagen, dass ich mich fast 25 Jahre nie wohl an einem Strand gefühlt habe, ich will damit sagen: Genau das wurde meine Routine. Und ich befürchte, ich bin nicht allein damit. Ich bin damit aufgewachsen, dass mein Körper bewertet wird, dass es okay ist, dass andere ein Auge darauf haben, wie gut ich gerade in Form bin.

Bodyshaming oder auch nur die Bewertung meines Körpers, früher von meiner Familie, irgendwann auch von Social Media oder Freundinnen (und vor allem »frenemies«!), später dann von Männern, heute noch oft von völlig Fremden, manchmal sogar von Bekannten oder sogar der Familie – ist leider keine Seltenheit für mich. Und gerade wenn man darauf achtet, wenn man es erkennen kann, fällt umso mehr auf, dass die Art, wie ich aussehe oder aussah oder aussehen könnte, für andere Menschen eigentlich ständig eine Rolle spielt.

Das sind unbedachte Sätze von Großtanten wie: »Oh, Lina ist aber proper geworden, die war aber auch schon mal schlanker. Scheint zu schmecken in Hamburg …«, wenn ich nur den Raum betrete. Das sind auch Kommentare in meinen DMs, die dann ungefähr so klingen: »Traurig, dass du ständig deine Brüste zeigen musst, versuchst du, damit vom Rest deiner durchschnittlichen Figur abzulenken?« (und dabei habe ich auf dem geteilten Bild zum Beispiel einfach nur einen Bikini an), oder eben sogar

Anfeindungen wie: »Verstehe nicht, was so viele Menschen an dir schön finden, guck mal deine Rollen an. Nimm mal ab.«

Dann waren da in der Vergangenheit auch Männer, die mir klar ins Gesicht sagten, dass sie mich zwar witzig und spannend, klug und hübsch fanden, aber ich fünf, sieben oder, hey, sogar eigentlich eher 10 Kilo weniger gut vertragen könnte. Und ein bisschen Sport. Der Rest an mir wäre ja längst schon toll, aber die Optik *muss eben auch stimmen*.

Und dann sind da noch Bekannte, die, wenn wir solche Momente diskutieren oder besprechen, Antworten einwerfen, die stark klingen nach: »Na, du willst ja auch bewertet werden, du teilst ja freiwillig Fotos von dir online. Und damit, dass andere sich deine Figur angucken, musst du sowieso leben …«

Aber auch Sätze wie: »Mom Jeans sind halt nicht was für jede Figur, Lina« oder »Dieser Schnitt vom Kleid macht eben eher dick, und wer will schon dick aussehen, nimm lieber etwas, das dich auf jeden Fall schlanker wirken lässt«, habe ich schon in Umkleidekabinen von Freundinnen gehört. Der einzige Unterschied hier: Diese Worte haben natürlich nicht mich direkt bewerten sollen, aber was als gut gemeinter Ratschlag beim gemeinsamen Shopping gedacht ist, ist auch nur wieder ein Beweis dafür, dass noch so viele Frauen glauben, dass sie einem gewissen Bild entsprechen müssten, um für andere, vor allem für Männer, überhaupt schön zu sein. Und dass wir einander fast schon davor beschützen müssen, eben nicht schlank oder nicht gut genug auszusehen …

Also ja, ich mache ständig Erfahrungen mit Bodyshaming. Überhaupt mit Bewertungen meines Körpers, natürlich auch positiven. Das Einzige, was ich nicht bekomme: eine Pause davon, dass man mich entweder wunderschön oder nicht schön genug, gerade richtig, kurvig, mittelmäßig oder als früher irgendwie mal hübscher bezeichnet.

Ich finde es einfach so unnötig, dass mir jemand unter ein völlig normales Urlaubsbild schreibt, dass er nicht anders kann, »als mir zu sagen, dass ich tolle Brüste hätte«, oder dass ich »endlich mal aussehen würde wie eine Frau«. Newsflash: Jede Frau, die eine Frau sein möchte, sieht aus wie eine Frau. Das Paar Brüste und seine Größe oder aber unser Hintern oder auch unser Bauch sind ja wohl kaum das, was uns ausmacht.

Und ich finde es mittlerweile sogar einfach nur noch lächerlich, dass Mädels sich unter den Fotos in 40 Kommentaren darüber streiten, ob ich nun eine »Plautze« oder einen »kurvigen Körper« hätte.

Das meiste davon kann ich für mich selbst reflektieren und abhaken. Das heißt aber nicht, dass es nicht trotzdem auf mich wirkt. Das heißt nicht, dass ich nicht irgendwann genug davon habe, dass mein ganzer Social-Media-Feed sich trotzdem weiterhin vor allem mit optischer oder künstlicher Schönheit befasst, dass ich nicht zusammenzucke, wenn Bekannte eine andere Frau »fett« nennen oder sich fragen, »ob dieses Outfit wohl die richtige Wahl war«, dass ich nicht unglaublich wütend werde, wenn ich höre, dass andere Mädels sich fragen, wie »ausgerechnet sie eigentlich diesen Typen abbekommen konnte, weil er ja auch genauso gut jedes Model dieser Stadt haben könnte«.

Obwohl ich längst weiß, dass mein Körper ganz bestimmt nicht der Maßstab dafür sein kann, ob ich erfolgreich sein kann, ob ich mich schön fühlen darf oder ob andere Menschen mich gern in ihrer Nähe haben, habe ich trotzdem und gerade in einer Stadt wie Kapstadt, die im Sommer zu den Modelhochburgen gehört, schon das ein oder andere Mal, auch mit 28 oder 29 Jahren, noch weinend vor meinem Spiegel gestanden, weil ich mich auf einmal doch wieder so falsch in meinem Körper gefühlt habe, der zwar große Brüste oder einen runden Hintern zu bieten hat, aber eben noch nie in meinem ganzen Leben, egal wie viel ich wog und wie wenig ich aß, einen flachen oder wenigstens straffen Bauch.

(Manchmal habe ich nämlich das Gefühl, wir sind gerade erst an einem Punkt angekommen, an dem wir all sizes beautiful finden – und trotzdem heißt das gefühlt noch immer: solange dein Bauch nicht schwabbelt und deine Extrakilos wenigstens straff sitzen.)

Ich meine, ich mag meinen Körper heute mehr, als ich ihn mit 18 gemocht habe, obwohl er heute deutlich mehr ist, als er mit 18 war. Ich mag meinen Körper überhaupt lieber als je zuvor. Und trotzdem bin ich mit ihm nicht immer im Reinen, maximal an vier bis fünf Tagen in der Woche. Ich will das auch gar nicht verstecken, weil sich das stärker anhören würde, ich will viel lieber ehrlich sein. Denn mein nächster Gedanke ist ja nicht: Ich muss alles an mir ändern. Sondern: Es muss sich endlich etwas ändern.

Und dennoch, obwohl ich längst viel fairer mit meinem Körper umgehe, ein unvorteilhaftes Foto von mir kann mich trotzdem noch für mindestens einen Abend aus der Balance bringen, an dem ich dann vor dem Spiegel stehe, mich immer wieder darin betrachte, als würde ich mich absichern wollen, dass ich eigentlich gar nicht so wie auf diesem Foto aussehe.

Ich weiß genau, dass all das im Endeffekt das Resultat einer jahrhundertealten Gehirnwäsche ist. Wir raufen uns seit über einem Jahrzehnt zusammen, mein Körper und ich, aber am Ende sind wir noch lange nicht – eben weil es nicht so einfach ist, toxische Denkweisen zu verlernen, die einem das ganze Leben lang eingebläut wurden. Dieser Scan, von dem ich immer noch glaube, dass ihn jeder sofort an mir vornimmt, wenn er einen genaueren Blick auf meinen Körper werfen kann, den gab es nie nicht in meinem Leben, den gibt es schon, seitdem ich ganz klein war, und es ist mir nie gelungen, ihn loszuwerden.

Ich meine, erst gestern kam ich, nachdem ich wieder für ein paar Monate in Südafrika gewesen war, zurück in das Haus meiner Eltern – und es dauerte nicht einmal zehn Minuten, bis meine Oma und meine Mutter feststellten, dass ich weder zugenommen noch abgenommen hatte. Es ist einfach Teil der Bestandsaufnahme. »Dafür hast du uns doch, wenn wir es dir nicht sagen können, wer dann?« Vielleicht einfach mal niemand?

Für meine Mutter und auch viele ihrer Freundinnen war es ein Vertrauensbeweis, dass man einander offen sagte, ob man sich gegenseitig gerade schlank oder schön oder aber fand, dass die andere »ein bisschen aufpassen« müsste. Was aber nichts daran ändert, dass es auch weiterhin ein einziges Bewerbungs- und Bewertungsverfahren ist, das zwischen uns Frauen herrscht. Ganz egal, ob es nun gut oder tatsächlich als *shame* gemeint ist.

Auch wenn ich bei den Eltern meines Freundes zu Besuch bin, werde ich von seiner Mama oft entweder lobend darauf angesprochen, dass ich ja offenbar ein paar Kilos abgenommen habe (mein Gewicht ist, seitdem sie mich kennt, übrigens gleich geblieben), oder aber sie erzählt mir von ihren eigenen Versuchen, »einfach nur zwei oder drei Kilos« loszuwerden.

Ich habe schon einmal 52 Kilo gewogen, ich habe schon einmal Größe 34 getragen, war jeden zweiten Tag joggen, habe meine Kalorien gezählt und am Ende? War ich trotzdem noch immer unglücklich. Ich fühlte mich noch immer nicht so, wie ich für die anderen Frauen fühlte, die ich für so viel schöner hielt. Und auch keine Likes auf Instagram, kein Applaus und kein gesellschaftliches Schönheitsbild, dem ich jetzt ein bisschen mehr entsprach, nahm mir das ab.

Am Ende hatte ich persönlich keine Lust mehr, meinen Körper als Baukasten zu betrachten, den es an den möglichen

Stellen zu professionalisieren galt. Um ihn dann ja trotzdem immer noch selbst akzeptieren und mögen zu müssen.

Und dennoch, nur weil du gerade dabei bist, ein gesunderes, ehrliches Bild von dir selbst zu entwickeln und dich auf deinen eigenen Körper einzulassen, heißt das eben noch lange nicht, dass dein Umfeld auch schon so weit ist.

Es sind nicht nur meine oder seine Eltern, es ist nicht nur noch ein Überbleibsel der älteren Generation, aus dem wir längst herausgewachsen sind. Sicher, wir alle bemühen uns, andere Körper und ihre verschiedenen Formen so viel diverser und reflektierter zu betrachten – aber viele meiner Freunde quälten oder quälen sich auch weiterhin, auch in 2022 noch, für ihren Beach Body oder »gönnen« sich ein gemeinsames Abendessen nur, um die Kalorien danach doch wieder zu bereuen oder zu bekämpfen. Sie stehen trotzdem weiterhin vor dem Spiegel und suchen beinahe schon fieberhaft nach Makeln an sich selbst.

Auch wenn ich längst weiß, dass wir alle unseren eigenen persönlichen Kampf mit unserem Körper kämpfen. Denn immer wieder waren es vor allem die Freundinnen, die sich längst das zweifelhafte Prädikat Size Zero verdient hatten, die dafür auf Mehl und Zucker, auf Hauptmahlzeiten und genauso oft auch auf einen wirklich schönen Tag mit ihren Freunden verzichteten, weil sie entweder dabei waren, täglich auf dem Crosstrainer daran zu arbeiten, sich wieder schön zu fühlen, oder aber es eigentlich doch nie taten. Es waren oft diejenigen in meinem Leben, die längst beinahe zerbrechlich aussahen, die so viel Aufwand um ihr Äußeres betrieben, nur um es dann trotzdem noch hinter verzerrenden Filtern zu verstecken.

Und immer wieder stand ich, die eben nicht mehr Größe 34, sondern mittlerweile 40 trägt, dann daneben und kam nicht um den Gedanken herum: »Wenn diese Frauen sich selbst schon fett finden oder einfach nicht schön – wie finden sie mich dann erst?«

Und dieser Gedanke war es, der mir, obwohl ich längst nicht mehr so wie sie dachte oder denken wollte, trotzdem wieder einen Stich versetzte. »Selbst wenn ich mich schön finde, andere tun es eben trotzdem noch nicht«, schoss es mir dann durch den Kopf, und obwohl ich mir vornahm, dass meine Meinung über mich selbst immer die allerwichtigste bleiben würde, konnte ich die anderen … nicht ausblenden.

Nach meinem ersten Jahr in Kapstadt lernte ich Nandi kennen. Wir landeten am gleichen Tisch eines gemeinsamen Freundes, spielten ein paar Runden Karten miteinander und trafen uns auch immer öfter, um entweder an den Wochenenden tanzen zu gehen oder um gemeinsam an den Strand zu fahren und den Sommer zu genießen. Und irgendwie taten wir – genau das.

Wir trieben stundenlang in den Wellen, jagten mit den Hunden über den Strand, spielten Pingpong, aßen Eis, das viel zu schnell in der Sonne schmolz, und sahen uns in unsere Handtücher gewickelt zusammen den Sonnenuntergang an. Die ersten Male zog ich noch meinen Bauch ein. Irgendwann vergaß ich es. Weil es zum ersten Mal niemanden störte. Weil mich niemand auf irgendetwas an mir aufmerksam machte, das gerade nicht so aussah, wie es besser hätte aussehen sollen. Wann immer ich Zeit mit Nandi und den anderen Mädels aus ihrem Freundeskreis verbrachte, kam ich glücklich nach Hause. Manchmal mit einem Schwips, manchmal mit einem Sonnenbrand auf den Schultern, aber immer mit einem Tag voller Lachen, voller Lebensfreude und positiver Energie, die wirklich anhielt.

Am Anfang fiel es mir auch gar nicht so auf, dass die Gespräche über eigene und fremde Makel, über Kalorien und Unsicherheiten einfach ausblieben, dass wir zwar Komplimente verteilten, aber sie sich einfach anders anfühlten. »Ich bin so stolz darauf, wie du diese Präsentation einfach durchgezogen hast.« »Girl, du siehst toll aus, du strahlst heute so.« »Ich liebe es, wie viel Mühe und Kreativität du selbst in die kleinsten Dinge steckst!« »Es ist inspirierend, wie mutig du bist.« »Danke, dass du mich auf so viele Dinge aufmerksam machst, die ich ohne dich übersehen würde.« »Es tut so gut, Zeit mit dir zu verbringen.«

Und wenn dann manchmal doch Komplimente über unsere Körper dabei waren, klangen die ungefähr so: »Weißt du, wie sehr ich deinen Hintern mag? Der ist toll!« »Dieses Kleid sieht einfach wunderschön an dir aus, wow.« (Nicht: »Hast du abgenommen?« »Wow, das Kleid macht dich richtig dünn!«)

Ich liebe genau das an uns, an der kleinen Gang, die sich immer wieder zusammenfindet, ich liebe, wie großzügig wir mit Komplimenten füreinander sind, vor allem jetzt, wo wir uns noch besser kennen. Bei anderen Mädels bin ich da vorsichtiger, ich weiß selbst, wie reduzierend oder falsch sich ein Kompliment anfühlen kann, das gut gemeint war, aber dennoch falsch ankommt. Ich würde niemals jemanden zu ihrem Hintern oder ihren Boobs beglückwünschen, die ich schlicht nicht kenne und von der ich gar nicht weiß, ob sie nun ausgerechnet meine Meinung dazu braucht.

Die Freundschaft zu Nandi, aber auch zu Cami, zu Charlotte oder Ruthy inspiriert mich immer wieder dazu, andere Frauen nicht nur zu lieben, sondern ihnen die Liebe, manchmal auch die Bewunderung und vor allem immer wieder die Unterstützung zu zeigen, die sie verdient haben.

Ich habe schon so viele schöne, vermeintlich perfekte Frauen getroffen. Und wieder vergessen. Denn es sind nicht unsere

Körper, die uns ausmachen, die darüber entscheiden, wie ande-re sich an uns erinnern oder wie sehr sie uns schätzen werden. Es ist das Gefühl, das wir bei den Menschen hinterlassen, mit denen sich unsere Wege kreuzen.

Was hilft, wenn man gerade wie verkrampft in den Spiegel starrt und an dem eigenen Makellos festhängt? Mir tut es immer gut, mir alte Fotos anzugucken. Auf Bildern, auf denen ich mich damals nicht dünn genug oder meine Haare nicht glänzend genug und meine Augen nicht groß genug fand, denke ich jetzt: Lina – wie dumm du warst. Du warst wunderschön. Und darum bist du es jetzt auch. Wir neigen nur leider dazu, die Gegenwart immer für das Schlechteste zu halten.

Ich glaube, für mich war es wichtig, mich weder dem Optimierungs- noch dem Akzeptanz-Zwang zu unterwerfen. Es hat einfach gutgetan, mich mit anderen Dingen als meinem Äußeren zu beschäfti-gen. Ich meine, wie lange kann man sich in sich selbst verrennen? Vielleicht sollten wir alle einfach mal wieder ein Buch lesen, statt uns im Spiegel zu studieren, mal wieder ein bisschen mehr für unser Innerstes tun, als uns in der Fra-ge zu verlieren, wie wir eigentlich nach außen wirken …

#25

Vorbilder: Chelsea Kauai

Name:
Chelsea Kauai

Beruf:
Kreative

In einem Wort:
Rückverbunden (mit der Natur)

In einem Satz:
Chelsea Kauai ist eine auf Hawaii geborene Fotografin, Dokumentarproduzentin und Yoga-Lehrerin,
die durch die Welt reist, um sie zu entdecken, zu
wandern, freizutauchen und um außergewöhnliche
Erfahrungen festzuhalten – das alles durch eine
Linse der Achtsamkeit und ökologischen Innovation.

Gefunden:
Chelsea habe ich auf Instagram entdeckt. In einer
Zeit, in der die sozialen Medien voller lauter,
sich endlos weiter ladender 15 Sekunden stecken,
ist Chelseas Arbeit für mich wie ein Ort der

Ruhe, der Reflexion und digitalen Reise. Während Tausende Menschen sich online durch gedankenlose Challenges tanzen, endlos konsumieren und dabei hoffen, geklickt, gemocht und gesehen zu werden, ist Chelsea diejenige, die selbst sieht, die zuhört und die Geschichten sichtbar macht, die ich ohne sie vielleicht nie gefunden hätte. Mit ihr tauche ich durch die Unterwasserwelt Indonesiens, reite durch die wilde Landschaft Namibias, folge ihr auf ihre Heimatinsel Hawaii und lerne dabei, wie sie nicht nur ihren Körper, sondern auch ihren Geist in eine natürliche Verbindung zurück zur Natur, zurück zu sich selbst bringt.

Gelernt:
Die Idee ist nicht, dass wir die Stationen unseres Lebens abhaken, dass wir etwas anfangen, dann meistern und dann hinter uns lassen. Wir sind nie einfach »fertig« mit all den Momenten, die uns ausmachen, und das ist genau richtig so. Wir sind in Bewegung, wir sind unterwegs, und wir haben jederzeit die Möglichkeit, unseren Weg, unseren natürlichen Fluss und unser Ziel sanft zu lenken.

Ein Zitat von Chelsea:
»There is absolutely no innovation without failure, making anything truly great will require some missteps and a whole lot of continuous figuring out along the way.«

Deutsche Übersetzung: »Es gibt keine Innovation ohne Scheitern, und um etwas wirklich Großartiges zu schaffen, sind einige Fehltritte und eine Menge ständiges Herausfinden erforderlich.«

#26

Die, die an eine andere glaubt

Als ich anfing, dieses Buch zu schreiben, war es 2020. Es war Herbst und ich war gerade dabei, trotz Pandemie, trotz aller Herausforderungen und Beschränkungen, nach Südafrika auszuwandern – Stück für Stück.

Ich packte meinen Mut, meinen Hund, meine Koffer, verkaufte die ersten Möbel, meine Pflanzen, beantragte mein Visum, scheiterte dabei direkt in der ersten Runde, ich suchte mir Rat bei einer Agentur für Auswanderer, füllte immer wieder neue Formulare aus, ich machte so viele Pläne, die ich immer wieder umwerfen würde, die mich manchmal umwerfen würden – und an jedem einzelnen Abend, an dem ich irgendwie leer, irgendwie müde davon, dass sich nichts bewegte, dass ich mich in diesem Lockdown nicht einmal bewegen durfte, auf mein Sofa fiel, das ich eigentlich nie verlassen hatte, nach einem Tag zwischen den Zetteln und Zeilen, zwischen immer wieder neuen Bestimmungen, nahm ich mir vor, dass ich morgen – morgen wirklich – mir endlich wieder Zeit zum Schreiben nehmen würde.

Die Notizen, die Entwürfe für dieses Buch, erste Ideen und ein paar Testkapitel lagen erst eine Woche, dann zwei, irgendwann immer länger und schließlich schon ein paar Monate unangetastet in meinem Schreibtisch. Und je länger es dauerte, dass ich wieder zu schreiben begann, desto schwerer fiel es mir, die Schublade aufzuziehen und zurück in das Manuskript zu tauchen, das mein drittes Buch werden sollte.

Eigentlich habe ich noch nie ... nicht geschrieben. Erst in ein Tagebuch, unzählige Postkarten aus jedem Urlaub, dann Briefe an meine Freundinnen, noch vor dem Abi erste Artikel in lokalen Zeitungen, eine Kolumne an meiner Uni, später dann auf meinem eigenen Blog. Wenn ich nicht tippte, dann las ich, wenn ich nicht selbst erzählte, saugte ich Geschichten seitenweise auf. Ich reiste nie ohne ein Buch – und einen Stift. Denn manchmal, wenn ich fremde Gedanken las, waren es meine eigenen, die nur so sprudelten, sich wie ein Streichholz entzündeten, das nur ein bisschen Reibung gebraucht hatte.

Ich schrieb über alles, was mich berührte, ich schrieb, um mich zu erinnern, um festzuhalten oder loszulassen, schrieb über mein Innerstes, ging dabei manchmal bis zum Äußersten, um Worte zu finden für das, was ich erlebte, fühlte oder dachte – Schreiben wurde von meinem Hobby zu meinem Beruf und irgendwann nicht nur ein Teil von mir, sondern zu mir, zu meiner Identität.

Ein guter Morgen war der, den ich um 06:00 Uhr mit einer Tasse Kaffee oder Tee an einem Schreibtisch verbrachte, während durch das offene Fenster entweder die kalte Luft oder das warme Sonnenlicht meine nackten Zehen berührte. Das Klappern meiner Tastatur – die Finger, die ganz allein ihren Weg fanden und manchmal schon wussten, was ich sagen wollte, bevor ich es nur denken konnte – ist für mich eines der schönsten Geräusche, es fühlt sich nach Zuhause an.

Wenn ich schreibe, dann bin ich bei mir, bin ich ich selbst.

Aber auf einmal ist da Stille. Ich habe das neue Buch doch längst im Kopf, habe so viel zu sagen – aber zum ersten Mal weiß ich nicht, wie. Auf einmal suche ich nach Worten. Auf einmal bleibt mein Kopf stumm, steckt fest auf diesem weißen Blatt Papier, verliert sich im blinkenden Cursor, an dem die Sekunden ablaufen. Alles, was ich fühle, ist diese tiefe, schwere Müdigkeit. Und dann die Rastlosigkeit, die mich nicht gut schlafen lässt. Ich stecke fest. In meiner Wohnung, zwischen den Kontinenten und den Koffern, in denen ich warte, stehe, über die ich stolpere.

Nichts um mich herum bewegt sich, obwohl mein Herz genauso schnell klopft, wie die Tage vergehen, die mir noch bleiben für dieses Buch, für die Deadline beim Verlag.

»Es fühlt sich an, als wäre mein Kopf im Leerlauf. Es scheint, als würden meine Gedanken stillstehen, aber gleichzeitig drehen sie sich so schnell im Kreis, dass ich sie nicht mehr greifen kann, bevor sie sich wieder auflösen«, sage ich in den Hörer. »Ich schreibe den ganzen Tag, aber am Ende steht da trotzdem kein einziger Satz auf dem Bildschirm.«

»Klingt nach einer Menge Nebel im Kopf …«

»Ja. Und das ist ja auch schon das nächste Problem. Ich hab Angst vor dem, was ich sehe, wenn ich mich durch ihn hindurchkämpfe. Was, wenn ich die Worte nicht finde, die dieses Buch braucht? Was, wenn ich verlernt habe zu schreiben? Was, wenn ich auserzählt bin? Was, wenn dieses nächste Buch ein riesiger Misserfolg wird? Was, wenn ich nur noch einen schlechten, halben Satz davon entfernt bin, komplett den Glauben an mich zu verlieren?«, sage ich und lehne meine Stirn gegen meine kalten Handflächen.

»Weißt du, was ich normalerweise tue, wenn ich nicht weiterweiß?«

»Was denn?«

»Ich schreibe. Und zwar so lange, bis ich mich selbst wieder verstehe, bis ich nachlesen kann, was eigentlich in mir vorgeht …«

Es ist die erste Schreibblockade meines Lebens, die erste, die nicht nur eine kurze Stimmung, nicht nur eine stressige Woche ist, aus der ich mich wieder herauskämpfe. Ich stehe still. Und suche nach Gründen.

Wenn ich erst in Südafrika, auf meinem Balkon mit Blick über die Stadt sitzen würde, dann würden die Worte von allein kommen, so wie sie immer gekommen waren.

Wenn sich erst einmal der Berg von Arbeit, der noch in meinem Visum steckt, lichtete und ich nicht mehr von To-do-Listen vereinnahmt würde …

Wenn ich mich einfach ein langes Wochenende in der Cabin, ohne Empfang, ohne Unterbrechungen einschließen würde …

Wenn ich das perfekte Café fände, Stimmengewirr um mich herum, der Blick aus meiner stillen Ecke heraus auf die belebte Straße, die mich mit all ihren vorbeiziehenden Menschen auch selbst wieder inspirieren und in Bewegung setzen würde …

Aber ich bleibe starr, stumm. Bis ich irgendwann reden muss, bis ich die E-Mail schreiben muss, vor der ich mich am allermeisten fürchte, die ich nicht mehr hinauszögern kann.

Ich spüre, wie mein ganzer Körper sich anspannt, wie meine Finger zu zittern beginnen, während ich versuche zu erklären, warum mein Manuskript nicht fertig ist, warum mir noch mehr als die Hälfte der Kapitel fehlt.

Mental bin ich zurück in der 9. Klasse, stehe auf dem Schulflur, weiß, dass es in fünf Minuten zum Unterricht klingelt und dann die Zettel für den Test herumgereicht werden, für den ich nicht gelernt habe, den ich erst verdrängt und dann völlig vergessen habe, und ich kann mich nicht einmal an die Hälfte des Stoffes erinnern, den der Rest der Klasse gerade noch einmal durchspricht, und auf einmal macht sich Panik in mir breit, Panik, dass dieser Test meine ganze Note verreißt und damit meinen Schnitt und am Ende … was eigentlich? Mit 15 wusste ich noch nicht, was nach der Panik kam. Und obwohl ich es längst besser wissen sollte, obwohl ich in meinem Leben doch eigentlich längst erkannt hatte, dass aus einem Scheitern immer eine neue Chance wächst, hatte ich trotzdem riesige Angst davor. Ich wollte nicht scheitern, ich wollte nicht aufgeben – und trotzdem war ich gerade dabei.

Wenn du einen Vertrag für ein Buch unterschreibst, verpflichtest du dich, das ausgemachte Abgabedatum einzuhalten, tust du es nicht, ist der Vertrag hinfällig. Ich hatte bereits zwei Mal um eine Verlängerung gebeten, eine weitere würde ich nicht bekommen, das war mir klar.

Ich konnte das Abgabedatum nicht einhalten, und noch dazu hatte ich vor einer Woche meine Lektorin verloren, sie hatte sich von dem Projekt distanziert, wollte sich auf einige neue konzentrieren. Übersetzt hieß das: Sie hatte längst aufgehört, an mich oder dieses Buch zu glauben. Und wenn ich ehrlich zu mir selbst war – war sie damit vermutlich nicht allein. Meinen Freunden erzählte ich seit mehr als 30 Wochen, dass ich an meinem Buch schrieb, ohne dass ich Kapitel beendete, meine Familie antwortete auf meine vagen Aussagen meistens: Nun, dann musst du dich zusammenreißen. Wenn du das Buch nicht fertig schreibst, ist deine Karriere als Autorin vielleicht schneller wieder vorbei, als es dir lieb ist, und das kannst du ja nicht riskieren wollen?

Natürlich nicht. Aber was, wenn ich mich nicht zusammenreißen konnte? Was, wenn ich mich fühlte wie ein Marathonläufer, dem die Beine versagten?

Ich muss an meine erste Chefin denken, male mir auf einmal ihre Reaktion aus, wenn sie die E-Mail, die ich gerade abgeschickt habe, bekommen würde, wenn es ihr Projekt wäre, an dem ich scheitern würde. Vielleicht hätte sie die großen Flügeltüren ins Schloss scheppern lassen, vielleicht donnernd durch den Raum gebrüllt, auf jeden Fall hätte sie mich entlassen und ihren Frust an mir abgearbeitet. Und zum ersten Mal fühle ich mich, als würde ich vielleicht auch genau das verdienen. Ich hatte zum ersten Mal meinen Job nicht gemacht. Ich hatte versagt – und zwar auf ganzer Linie. *30 Women* hätte mein drittes Buch heißen sollen – was davon übrig blieb, war ein Ordner mit Kapiteln, Ideen, mit halb erzählten Geschichten, denen ich ein Ende schuldete …

Meine Verlegerin antwortet mir am selben Tag, aber ich brauche noch zwei weitere, bis ich den Mut finde, die Mail zu öffnen:

… manche Bücher brauchen eben Zeit, steht da. Und dann noch, dass ich mein Manuskript beenden soll. Dass sie an mich glaubt, dass sie daran glaubt, dass die Worte zurückkommen werden, wenn ich so weit bin. Dass ich den Mut haben soll, weiter nach ihnen zu suchen.

Das hier ist ein Kapitel über eine der Frauen, die mich nicht aufgegeben haben, obwohl es jeden Grund dazu gab. Dieses Buch wäre nie erschienen, hätte nicht diese eine Frau daran geglaubt, während ich und andere es nicht konnten. Dieses Buch ist nicht einfach so passiert, dieses Buch habe ich mir erkämpft – mit der Kraft, die ich von meiner Verlegerin bekommen habe. Manchmal fragst du um Hilfe, aber bekommst sie dennoch nicht. Und manchmal kommt sie und zieht dich zurück auf die Füße, während du gerade erst dabei bist, deine Worte wiederzufinden.

Und ich hoffe, dass ich diese Frau auch irgendwann mal für eine andere sein kann – oder vielleicht sogar schon sein konnte, Die, die an eine andere glaubt.

#27

Die, mit denen ich ab jetzt mein Büro teile

»Shit!« Wir fassen beide nach dem Stapel Papiere, der gerade über die Ecke des runden Esszimmertisches rutscht, kriegen nur ein paar der Blätter zu fassen, der Rest verteilt sich flatternd über dem Holzboden. Ich sammle die Kopien, Rechnungen und Quittungen zusammen, gebe sie weiter an Maggs, die sie zurück in die Ordner sortiert. Wir sind dabei fast schon routiniert.

»Wir brauchen einfach ein Office«, sagt sie und rückt den Stapel gerade.

»Ja …«, sage ich, klinge dabei wenig überzeugt, obwohl ich genau weiß, dass sie recht hat.

Seit Monaten sitzen wir entweder in ihrem oder meinem Wohnzimmer, arbeiten von hier aus für gleich vier verschiedene Projekte und Firmen. Während sie ihre eigene Agentur für Web- und Grafikdesign gegründet hat, die Kunden in Südafrika und Europa betreut, schreibe ich an diesem Buch, baue meine Cabin, arbeite als freie Reisejournalistin und leite zusammen mit Maggs *we need glasses,* ein kleines Start-up, das in Kapstadt Weintouren für »Millenials und Gen-Zs« anbietet.

Wir organisieren Weintouren für junge, individuelle Reisende, die das Land Südafrika nicht nur entdecken und bereisen – sondern auch *tasten* möchten. Als wir die Firma gründeten, war unsere Grundidee, einfach tolle Menschen bei einem Glas Wein zusammenzubringen, aus einer Gruppe von Gästen, die sich am Anfang noch gar nicht kennt, über den Tag eine Crew zu machen. Und es funktioniert. Seit 2020 gibt es uns, in unseren ersten drei Monaten waren unsere Touren bis auf den letzten Restplatz ausgebucht. Dann kam die Pandemie, und trotzdem haben wir es geschafft, zu überleben – zusammen.

Wann immer die eine von uns erschöpft war, überarbeitet, vielleicht auch einfach zu verunsichert von all der Lautstärke, den Restriktionen und dem Druck dieser Pandemie, fing die andere sie auf. Wir stärkten uns gegenseitig den Rücken, teilten uns die Arbeit, bauten einander auf und beschützten die Träume der jeweils anderen, wenn sie zu zerplatzen drohten.

Das hier – unser kleines Homeoffice, das manchmal aus einem geteilten Schreibtisch und manchmal aus einem ellenlangen WhatsApp-Chat bestand, war wie unsere Bubble, in der was auch immer passieren konnte – und in der trotzdem immer alles irgendwie gut werden oder einfach irgendwie weitergehen würde.

Weil wir uns hatten, weil wir zusammen immer eine Lösung fanden.

Und obwohl uns die Hefter vom Tisch rutschten und der Platz in unseren Wohnungen einfach nicht ausreichte, um wirklich konzentriert und geordnet all unsere Projekte zu stemmen und zu verwirklichen, liebte ich es, morgens mit einem Kaffee bei ihr vorbeizukommen und gemeinsam im Chaos unsere Herausforderungen zu meistern.

Vor ein paar Wochen hatte sich die Möglichkeit ergeben, zusammen mit sechs anderen Gründerinnen ein Office zu teilen. Die Lage war perfekt, die Miete fast schon zu günstig, um wahr zu sein, unser Zimmer hatte wunderschöne, abgeschliffene

Holzdielen, hohe Decken und ein großes Fenster, das das Licht schon am frühen Morgen hereinließ. Maggs hatte sofort zusagen wollen, aber ich zögerte. »Ich glaube einfach nicht, dass wir wirklich viel im Office sein werden. Wir sind beide so viel unterwegs, ich pendle noch zwischen Deutschland und Südafrika, und wenn wir Meetings haben, kriegen wir es ja auch so hin … das Geld können wir uns ja lieber sparen?«

Ich sah ihr an, dass sie genau wusste, dass meine Argumente zwar theoretisch richtig, aber trotzdem eine Ausrede waren, dass der eigentliche Grund, warum ich nicht in dieses Office ziehen wollte, ein anderer war.

»Es geht ja nicht nur um Meetings. Ich würde einfach gern einen Ort haben, an dem wir die Arbeit auch mal lassen können, statt sie immer neben mir liegen zu sehen, wenn ich hier ein Dinner koche oder einfach nur morgens aufwache. Ich war fast zwei Jahre in dieser Wohnung entweder durch den Lockdown eingesperrt oder habe hier jeden einzelnen Tag gearbeitet. Ich brauche einfach einen neuen Impuls, ich will raus hier – und ich würde einfach gern so etwas wie Kollegen haben. Wir haben zwar weiterhin unseren *safe space* zu zweit, aber die anderen sechs Mädels sind dann nur eine Tür weit entfernt … und Clara hat bei der Besichtigung auch schon gesagt, wie sehr sich alle darauf freuen, uns kennenzulernen. Nächste Woche schmeißen sie zum Beispiel eine große Cocktailparty, um die Eröffnung des neuen Büros zu feiern, ich hab gestern die Einladung für uns beide bekommen …«

Wenn ich ehrlich war, war genau das der Grund, warum ich mich immer wieder um die finale Entscheidung über unser Office herumwand. Maggs hatte recht, wir brauchten mehr Platz, wir brauchten einen Ort, der Platz für die Unterlagen und die Administration von vier Firmen bieten konnte, wir planten beide, im kommenden Jahr zwei Praktikanten und vielleicht sogar eine Assistentin einzustellen, und diese konnten ja kaum auf unserem Wohnzimmerteppich Platz nehmen und im Schneidersitz unsere Buchungen und Termine koordinieren.

Aber die Vorstellung, mit sechs anderen Frauen ein Büro zu teilen, die noch dazu alle in der Fashion- oder Lifestyle-Branche arbeiteten, fühlte sich für mich in diesem Moment wie eine alte Erinnerung an, in die ich einfach nicht zurückkehren wollte. Früher hatte ich meine eigene Staffel *Sex and the City*, meinen eigenen kleinen Coffeeshop, dessen schönsten Tisch in der Sonne ich mit meinen schlagfertigen und stilsicheren Freundinnen teilte, so unbedingt haben wollen. Heute wusste ich, dass die Realität oftmals eine einzige Enttäuschung sein konnte.

Ich hatte die Modewelt irgendwann hinter mir gelassen. Klar, ich nutzte weiterhin Instagram, teilte meine Texte, Fotografien und auch ein Stück meines Lebens in dieser App, liebte es, dort entweder kreative Inspiration zu finden oder sie selbst zu teilen – aber meine Ziele, meine Interessen, vielleicht auch meine Ideale, meine eigene Welt, überschnitten sich schon lange nicht mehr mit denen von Bloggerinnen oder Influencerinnen.

Und je mehr Distanz zwischen mir und meinem alten Leben lag, desto weniger wollte ich zurück in ein Umfeld, in dem es um *daily outfits*, *skinny matcha lattes*, *designer bags*, *smoothie bowls* und am Ende vielleicht auch noch Likes, Follower und *content shoots* ging.

Und ohne die Mädels genau zu kennen, befürchtete ich genau das.

»Hmmm«, sagt Maggs und zuckt still mit den Schultern, als ich ihr schließlich erzähle, was in mir vorgeht.

»Was?«

Sie atmet tief durch, lässt sich Zeit, bevor sie mir antwortet.

»Also ja – Clara war für drei Jahre Redakteurin bei der *Cosmopolitan*, und Julie arbeitet in der PR für Louis Vuitton, und Sue und Jade haben gerade ihr eigenes Label für Dress-Rentals eröffnet, stimmt. Aber … warum macht sie das jetzt direkt zu Menschen, mit denen du nicht arbeiten willst?«

»Das sage ich ja gar nicht …«

»Nein, nicht direkt. Aber du sagst ja schon indirekt, dass du Angst hast, dass sie oberflächlich sind, dass du mit ihnen, weil ihre Jobs ebenfalls in der Mode stattfinden, keine guten Erfahrungen machen kannst oder aber dass du die gleichen Erfahrungen machen wirst, die du früher schon einmal gemacht hast.«

»Ich habe einfach nicht viel mit ihnen gemeinsam.«

»Du kennst sie doch noch gar nicht.«

»Ja, aber ich kenne das ganze Drumherum, ich kenne die Leute, die in dieser Branche arbeiten, für die Mode und Konsum und Status wichtig sind, für die Likes und Klicks und Aufmerksamkeit mehr zählen als …«

»Oh wow«, unterbricht sie mich.

»Was?«

»Jetzt klingst du genauso, wie die Menschen, die dich, als du noch in der Mode Artikel geschrieben hast, kleingemacht und augenrollend ausgeschlossen haben, weil du keine angestellte, gelernte Redakteurin, sondern freie Bloggerin warst, die dir keine Budgets in Verhandlungen zutrauen, weil du ja irgendwie *nur so* mit Instagram dein Geld verdienst, anstatt eine Agentur oder einen großen Namen im Rücken zu haben, der noch einmal rückversichern soll, dass du deinen Job auch wirklich kannst. Die dich nicht ernst nehmen, weil du eben nicht nur in geschlechtsneutralen Kakishorts herumläufst und dabei deine Lodge- und Reisefotografien machst, sondern dabei trotzdem noch Eyeliner trägst und abends zum Dinner ein langes Kleid, die dich jetzt zum Beispiel für weniger durchsetzungsfähig halten, weil du hier als junge Frau ganz allein und eben nicht als Mann eine Cabin im Nirgendwo baust. Wenn du die Mädels einfach nur deshalb als Kollegen ablehnst, weil sie in der Mode arbeiten und darum gar nichts mit dir gemeinsam haben *können*, bist du ehrlich gesagt nicht viel besser.«

Das saß.

»Ich will dabei gar nicht so hart klingen – aber mal ganz ehrlich, wenn du deine eigenen, ganz persönlichen Erfahrungen zu einem Fakt machst, der dich jetzt davon abhält, weiterhin offen auf andere Menschen zuzugehen, gerade auf anderen Frauen … dann finde ich das einfach schade.«

Sie hatte recht. Je länger ich ihr zuhörte, desto klarer wurde mir, dass meine eigene Unsicherheit, meine schlechten Erfahrungen, die mich zum Teil verletzt hatten, sich alle gemeinsam zu Vorurteilen zusammengeschweißt hatten, die ich jetzt wie einen Schutzschild vor mir hertrug.

Und spätestens, als ich mich beinahe sagen hörte: »Ich würde, glaube ich, einfach lieber ein großes Büro mit vielen Kreativen und vor allem auch Männern teilen, weil das am Ende einfach dann auch entspannter ist …«, begriff ich, dass ich dabei war, in die Falle der Misogynie zu tappen und meine eigenen Schwächen an anderen Frauen auszulassen.

Jeder kennt diese Sätze:

»Ich bin einfach lieber mit Männern befreundet, weniger Drama.«

»Ich komme einfach nicht mit anderen Frauen klar, die fühlen sich einfach ständig bedroht von mir.«

Misogynie ist Frauen entgegengebrachte Verachtung, Geringschätzung; Frauenfeindlichkeit. Grund dafür ist auch – wie so oft – der Fakt,

dass dem Mann oder aber der »Männlichkeit« eine
soziale Dominanz zugeschrieben wird, während
die Frau in der untergeordneten Position steht.
Das Fazit ist, dass als männlich geltende Eigenschaften mehr Wert haben als weibliche.

Wir kennen es alle: »Du wirfst wie ein Mädchen« ist etwas Negatives, genauso wie »Jetzt hör auf zu jammern, oder bist du ein
Mädchen?«.

Ein »echter Kerl« oder ein »richtiger Mann« ist etwas Posi-
tives in unserer Sprache.

Das große Problem wird leicht klar: Wir schätzen in unserer
gesellschaftlichen Struktur Frauen einfach generell weniger als
Männer.

Das, was ich gegenüber den anderen Mädels empfand? *Inter-
nalisierte Misogynie*, das heißt verinnerlichte Ablehnung von
Frauen. Das Gefährliche daran ist, dass wir uns dessen meist
nicht bewusst sind. Zwar klären wir uns oft gegenseitig auf, aber
immer dann, wenn wir uns selbst verunsichert fühlen, fallen wir
wieder in alte Muster zurück. Doch wie soll eine junge Frau
auch lernen, offen stolz auf ihre Feminität zu sein, wenn sie
schon früh mehr positive Resonanz auf vermeintlich männliche
Charakterzüge bekommt?

Lieber *cool girl* als Barbie, lieber Chucks als High Heels, lieber Bier statt Bubbly, lieber einen doppelten Cheeseburger als
einen Salat, lieber skaten als shoppen – und das alles nur, um zu
beweisen, dass man anders als die anderen Frauen ist – und damit besonders? Und damit besser? Je weniger klassisch feminin,
desto interessanter, klüger, spannender, tiefgründiger, durchset-
zungsfähiger, desto mehr kann man ihr zutrauen, desto mehr ist
sie zu leisten imstande?

Wie stark ich noch immer von dieser Denkweise betroffen bin, wie oft sie dann doch noch hochkommt, wird mir jetzt, in diesem Moment, in dem Maggs mir den Spiegel vorhält, in vollem Umfang klar. Und ich schäme mich.

Ich schäme mich auch noch, als wir ins Büro einziehen und jedes der Mädels mich mit einer festen Umarmung begrüßt, ich schäme mich, als wir zum ersten Mal gemeinsam während der Mittagspause einen Kaffee trinken gehen und ich die motivierenden Gespräche von Anfang an genieße, ich schäme mich, als mir die Arbeit an diesem einen Mittwoch über dem Kopf zusammenbricht und Julie, die nur im Vorbeigehen von meinen Problemen hört, mir sofort ihre Hilfe anbietet und schließlich meinen Tag rettet, ich schäme mich auf dem Nachhauseweg von unserer ersten gemeinsamen Pizzaparty nach einem späten Feierabend, während der alle von uns laut singend und mit leeren Weinflaschen als Mikrofone durch den Flur tanzen und ich riesigen Spaß habe. Ich schäme mich für meine Vorurteile, schäme mich für meine dumme, ablehnende Haltung, die ich für eine Konsequenz aus lehrreichen Erfahrungen hielt, die zum größten Teil aber nur versteckter Schmerz und Angst davor war, nicht angenommen oder akzeptiert zu werden, einfach fehl am Platze zu sein.

Aber Scham ist kein guter Begleiter und schon gar kein Gefühl, aus dem heraus eine positive Veränderung entstehen kann. Scham … sollten wir viel eher anerkennen, sie uns eingestehen und schließlich dann loslassen, wenn wir bereit sind, Verantwortung für die Worte oder Dinge oder auch das Verhalten zu übernehmen, für das wir uns schämen. In meinem Fall hieß das: meine Vorurteile zur Seite legen und mich voll und ganz auf diese neuen Frauen in meinem Büro und damit auch in meinem Alltag einzulassen, sie kennenzulernen, mich aufrichtig für sie zu interessieren, statt sie jemals wieder oberflächlich zu bewerten.

Im Dezember 2021 treffen wir uns alle auf ein gemeinsames Abendessen, um ein wildes, unbeständiges Jahr abzuschließen. Und während ich noch Wasser für unseren Tisch bestelle, schaue ich auf all die Frauen, jede von ihnen mit einer eigenen Persönlichkeit, die ich langsam mehr und mehr kennen und verstehen lerne.

Wir unterhalten uns wieder einmal seit fast zwei Stunden über Bücher, Ziele, Träume, Lebensentscheidungen, hören einander zu, während wir über Herausforderungen oder Fehler in unserem Berufsalltag sprechen, geben uns entweder offene Unterstützung oder ehrliche Validation. Die gemeinsamen Dinnerabende sind zu einem sicheren Raum für Ideen und Meinungen geworden, und während wir eine Flasche Wein und ein gutes Essen miteinander teilen, konzentrieren wir uns aufeinander, interessieren uns für die Geschichten der anderen.

Es geht bei keinem der Gespräche, die wir teilen, darum, wie wir Männern entweder gefallen oder aber sie je wieder vergessen können, es geht selten um Status, aber so oft um Stärke, es geht nie um ein unausgesprochenes Ranking oder die Bewertung anderer Frauen, es geht um uns.

Und während ich mich wieder zu ihnen setze, uns nachschenke, wird mir klar: Das hier ist besser als die berühmte Serienversion davon, wie erfolgreiche und engagierte Frauen zusammen sein und einander unterstützen können. Das hier ist real.

#28

Fünf Filme mit starken Hauptdarstellerinnen, die mich inspiriert haben

Okay, wenn ich diese Liste ganz offen und ehrlich herunterschreiben müsste, stünde hier an Platz 1: *Titanic*. Ein Film, den ich bestimmt mehr als 200-mal gesehen habe (ja, schuldig!), und nicht wegen Leonardo DiCaprio. Googelt mal seinen Namen und den Film, er war damals schon umwerfend schön, aber das ist nicht der Punkt.

Ich war zehn, als ich den Film zum ersten Mal sah, und seit jenem Tag blieb Kate Winslet eine meiner Ikonen, die Figur der Rose ein Vorbild, das mich nie wieder losgelassen hat: diese junge Frau, die lernt, für ihre Ideale zu kämpfen, für ihre Überzeugung und ihre Freiheit, die sich niemals wieder von einem Mann, von Geld oder von gesellschaftlichen Erwartungen abhängig machen wird und bis an ihr Lebensende ihre Träume lebt, genau so, wie sie es sich selbst versprochen hat. Und genau so wollte ich sein (minus das Schiffsunglück und die Sache mit Leo und der Tür) – und will es vielleicht noch immer. Weil *Titanic* aber am Ende halt doch ein Katastrophenfilm ist und damit einfach kein *feel good movie*, kommen hier fünf weitere Filme, echte Klassiker, mit starken weiblichen Hauptrollen, die mich inspiriert haben und perfekt für einen Netflix-Sonntag sind. Weil starke Frauen starke, charmante Vorbilder und Inspiration brauchen.

1. Easy A

Die großartige (!) Emma Stone spielt Olive Penderghast, die ungewollt in einen Skandal verwickelt wird, sich aber mit Charme, Humor und Cleverness gegen christliche Vorurteile an amerikanischen Highschools durchsetzt. Als ihre Freundin das Gerücht in die Welt setzt, sie hätte ihre Jungfräulichkeit an einen College-Studenten verloren, wird Olive binnen kürzester Zeit von den einen bewundert und von den anderen verachtet. Und obwohl die ganze Geschichte gelogen ist, beschließt sie, in einem Experiment die Rolle der »Bitch« einfach mal für ein paar Wochen zu spielen.

Ranking: 10/10 – Ich wünschte, ich wäre Olive gewesen, als ich 16 Jahre alt war. Warum? Weil sie Humor und Biss hat, weil sie weiß, wer sie sein oder zumindest werden will – und sich dabei nicht verbiegen lässt.

2. Mona Lisas Lächeln

Julia Roberts spielt die aufgeklärte und progressive Lehrerin Katherine Watson, die 1953 beginnt, am amerikanischen Wellesley College für Frauen Kunstgeschichte zu unterrichten. Be-

reits nach wenigen Unterrichtsstunden fühlt sie
sich von der konservativen Mentalität des Lehr-
körpers, aber auch durch einige Studentinnen
gestört. Sie fängt an, auch auf die Gefahr hin,
ihren Job zu riskieren, sich für ihre Studentinnen zu engagieren und ihnen beizubringen,
selbstständig zu denken und ihr Leben abseits
der vorgefertigten Frauenbilder zu führen.

Ranking: 9/10 – Julia Roberts lebt in ihrer Rolle aufgeklärten Feminismus und erlebt, wie er
gerade im konservativen Amerika selbst in der
Oberschicht an seine Grenzen stößt. Der Film inspiriert, macht manchmal wütend und ist heute so
wichtig und aktuell wie selten zuvor.

3. 10 Dinge, die ich an dir hasse

Julia Stiles spielt Kat, eine junge Rebellin,
die nur eins will: ihre Freiheit, einen Uniplatz
weit weg von ihrer Familie und auf keinen Fall
den Erwartungen anderer entsprechen. Am Ende
will sie auch Heath Ledger.

Ranking: 10/10 – Der perfekte Anti-Highschool-
Film, den ich immer wieder und wieder liebe. Kat
for president!

4. Begin Again

Wie fängst du neu an, wenn sich deine Träume,
deine Beziehung und mittlerweile auch dein Kon-
tostand in Luft aufgelöst haben? Wenn du in einer
fremden Stadt mit gebrochenem Herzen in einer

Bar stehst und nicht mehr an dich selbst glaubst? Keira Knightley spielt die junge Musikerin Gretta James, die im New Yorker Sommer neu anfängt, Schritt für Schritt durch ihren Liebeskummer geht – und dabei zu sich selbst findet.

Ranking: 12 / 10 – Einer der besten Filme, die ich je gesehen habe! Bis heute eine Inspiration.

5. Little Women

Jo, Meg, Amy und Beth wachsen Mitte des 19. Jahrhunderts in den Vereinigten Staaten auf. Zu dieser Zeit herrschen – Überraschung! – starre Geschlechterrollen. Die Schwestern erleben in ihrer eigenen Familie, mit welchen Hindernissen Frauen aufwachsen und welche Spannungen entstehen, wenn vier junge Frauen aufeinandertreffen, die vollkommen unterschiedliche Vorstellungen davon haben, was Freiheit, Gleichberechtigung und Glück bedeuten können. Jo will Schriftstellerin werden und sich dem Rollendiktat nicht unterwerfen, während Meg von der Ehe und Amy vom Malen in Paris träumt …

Ranking: 8 / 10 – Ein absoluter Klassiker und eine so starke Leistung von der jungen irischen Schauspielerin Saoirse Ronan als Jo.

#29

Die, die schon bis hierher gekommen ist

Als Anni mir diese eine Nachricht schickt, sitze ich zwischen unfertigen Formularen, unbezahlten Rechnungen, unsortierten Notizen und einem halb gepackten Koffer. In einer halben Stunde muss ich zur Begehung meiner Baustelle (ich habe vor einem Jahr ein kleines Stück Land gekauft, auf dem ich gern eine Cabin bauen möchte), es gibt Probleme mit dem Fundament, für die ich keine Lösungen habe. Vor allem auch deswegen, weil ich nur die Hälfte von dem verstehe, was wir hier seit Wochen besprechen, ganz egal, wie sehr ich mich auch bemühe.

In meinem Postfach stapeln sich die Nachfragen von Kunden, Steuerberatern, Vermietern, von Zulieferern, von Menschen, die sich für eines meiner Projekte interessieren, denen ich, genau wie meinen Freunden und selbst meiner Familie, schon viel zu lange eine Antwort schulde. Die Deadline für mein neues Buch ist zum zweiten Mal gerissen, die Schreibblockade bleibt dafür stabil, und alles in allem fühle ich mich wie eine Versagerin, wie jemand, der gerade dabei ist, so ziemlich alles, wofür sie dieses wilde Jahr 2021 gearbeitet hat, in den warmen Sand Südafrikas zu setzen. Zumindest mein Kopf steckt irgendwie schon drin.

Ich bin müde, ich bin verzweifelt, ich bin auf gar keinen Fall gerade kreativ, aber trotzdem versuche ich durchzuhalten. Auf meinem Instagram-Profil läuft zu diesem Zeitpunkt ein Q&A für dieses Buch. Ich frage meine Follower, welche Frauen in ihrem Leben eine wichtige Rolle gespielt oder sie geprägt haben. Und ich erhoffe mir davon, irgendwie wieder Gefühl für mein Manuskript zu bekommen, vielleicht ein bisschen Inspiration. Die meisten Geschichten finde ich noch immer, wenn ich mich mit anderen austausche.

»Ich würde gern ein Gastkapitel schreiben über eine Frau, die uns hier inspiriert – und das bist du«, steht ganz oben auf meinem Bildschirm, als ich das Handy in die Hand nehme.

Als ich ihren Satz lese, kann ich die Tränen nicht zurückhalten und lasse mich in das Chaos auf meinem Fußboden sinken. Nicht, weil ich so gerührt oder so unendlich dankbar bin, sondern weil ich mich wie ein einziger *fraud* fühle, wie eine riesige Enttäuschung für all diejenigen, die mich schon so lange unterstützen. Vor allem, wenn es Frauen sind, die selbst zu einer Stimme und zu einem Vorbild für Tausende da draußen geworden sind.

Ich schreibe Anni genau das. Und nicht zum ersten Mal in meinem Leben findet sie genau die Worte, die ich brauche:

»Weißt du, was du niemals vergessen darfst? Warum du niemals einfach so aufgeben oder die Dinge hinwerfen darfst, weil du dich dafür schämst, dass du gerade nicht da bist, wo du sein willst? Weil du, selbst wenn du gerade an einem Tiefpunkt steckst, für so viele Menschen da draußen trotzdem eine Inspiration bist. Während du gera-

de stolperst oder an deinem Weg zweifelst, sind
andere dabei, überhaupt erst ihre ersten Schritte zu machen. Aus ihrer Perspektive bist du kein
Fehler, Lina, du bist mutig, du bist dort, wo sie
hinwollen. Und du bist die, auf die sie schauen
werden, wenn sie selbst nicht weiterwissen. Ich
weiß, dass du das hinkriegst. Du hast gar keine Chance, etwas anderes zu tun, als an dich zu
glauben. Wir hier, die das längst tun, sind nämlich in der Überzahl. Da gibt es gar keine Diskussion. Und wenn du mir das nicht glaubst, frag
mal dein jüngeres Ich. Ich glaube, die jüngere
Lina ist verdammt stolz auf dich und kann kaum
glauben, was sie alles mal erreichen wird.«

Ich möchte, dass dieses Kapitel hier, an diesem Punkt und mit
diesem Satz genau so endet. Denn diese Botschaft ist so wichtig
und gleichzeitig so simpel, sie braucht keine große Geschichte.

Das, was außerdem auf diesen Seiten Platz finden soll, sind
die Wege, die du schon gegangen bist, auf die du stolz bist, Momente, in denen du nicht aufgegeben hast oder wieder neu gelernt hast, an dich zu glauben.

Auch wenn du deine Ziele gerade noch vor Augen, aber
noch nicht erreicht hast, auch wenn du gerade glaubst, dass sie
sogar wieder ein Stückchen von dir weggerückt sind – du bist
trotzdem unterwegs, du bist gut genug.

#30

Die, die ich noch
nicht getroffen habe

Es ist nicht der Eine. Nicht der, den wir nicht haben können, nicht der, den wir irgendwann doch bekommen, nicht der, von dem wir noch träumen und den wir noch gar nicht getroffen haben.
Es ist sie. *Aber nicht die Eine – es sind so viele.*

Aus irgendeinem Grund gibt es noch immer diesen Irrglauben oder vielleicht auch einfach dieses von alten Rollenbildern oder überholten Klischees oder sogar Netflix verzerrte Ziel für viele Frauen, dass es da draußen den einen Mann gibt, der ihr ganzes Leben verändern wird, der ihnen zeigt, was sie wirklich wollen, wer sie wirklich sein können, der sie ermutigt, der sie unterstützt und inspiriert.

Ich habe diesen Satz viel zu oft in meinem Leben gehört: »Irgendwann findest du den Richtigen und dann …«

Und dann was? Wie geht der Satz weiter? Ändert sich mein Leben? Macht es endlich Sinn? Fängt es endlich an? Wow.

Was, wenn mein Leben längst angefangen hat, was, wenn ich mir selbst eines geschaffen habe, das ich liebe, das mit mir wächst, sich immer dann bewegt, wenn ich selbst es auch tue, was wenn es sich gar nicht ändern und umwerfen soll? Was, wenn meine Träume und ihre Herausforderungen längst schon Sinn machen? Und ich selbst, ich allein, auch?

Und was, wenn es vielleicht gar nicht der Eine ist, der uns bewegt, der uns manchmal verändert, der unseren Horizont erweitert, uns eine Reise vorschlägt, uns ein Stück weit mit auf seine eigene nimmt, uns anschiebt, um wieder loszulaufen, oder uns festhält, wenn wir einen Moment lang Halt brauchen?

Was, wenn das kein Mann ist – sondern wenn es viele Frauen sind?

Ich glaube nicht daran, dass es ein einziger Mensch ist, der uns prägt, ich glaube nicht daran, dass unsere größte Inspiration der jeweilige Mann oder eben der fehlende in unserem Leben ist. Ich glaube, wenn wir genauer hinschauen, sind es all die Frauen um uns herum, die uns, Kapitel für Kapitel, zu der machen, die wir heute sind. Und auch zu der, die wir einmal waren, nur um zu lernen, dass wir sie nicht mehr sein wollen, vor allem aber zu der, die wir irgendwann mal werden können – wenn wir den Mut dazu haben. Und vielleicht auch die Ausdauer.

Ich habe dieses Buch geschrieben, um wenigstens ein paar der Frauen vorzustellen, die etwas in mir entdeckt, aufgerüttelt oder einfach hinterlassen haben. Eine Idee oder ein Gefühl, manchmal auch nur einen Gedanken oder eine schon so lange festgehaltene Erinnerung.

Jede Frau hinterlässt etwas bei einer anderen. Also ist vielleicht die wichtigste, letzte Frage dieses Buches:

Wie soll die nächste Frau sein, die ich treffe?

Und jetzt noch einmal anders, noch ehrlicher gefragt: *Wie will ich sein, wenn ich einer anderen Frau begegne?*

Wir alle sind eine Inspiration füreinander, jede von uns könnte morgen früh eine der 30 WOMEN für eine andere sein. Vielleicht für jemanden, dem du einfach nur zuhörst, jemanden, dem du den Rücken in einer Situation stärkst, die für dich selbst eigentlich unwichtig ist, jemanden, mit dem du ein Gespräch anfängst, obwohl ihr auf den ersten Blick vielleicht kaum viel gemeinsam habt, jemanden, dem du den Platz neben dir in einem vollen Café anbietest, vielleicht auch für jemanden, den du offen kritisierst, jemanden, den du übersiehst oder sogar belügst. Wer willst du für die nächste Frau, die du triffst, sein?

Ich überlasse die letzten Worte dieses Buches dir selbst. Hier ist Platz für 30 Frauen, die dich bis hierher begleitet haben – und noch für eine extra. Für dich selbst. Für die, zu der du werden willst, für die, die du schon längst bist, und auch die Seiten an ihr, die du vielleicht noch gar nicht kennst.

1. Die, die _____

2. _____

3. _____

4. _____

5. _____

6. _____

7. _____

8. _____

9. _____

10. _____

11. _____

12. _____

13. _____

14. _____

15. _____

16. _____

17. _____

18. _____

19. _____

20. _____

21. _____

22. _____

23. _____

24. _____

25. _____

26. _____

27. _____

28. _____

29. _____

30. _____

31. Und dann bist da noch du selbst, die dich _____

_____

Danksagung:

Es ist unmöglich, all den Frauen einen Platz in diesem Buch zu schenken, die mich in den letzten Jahren unterstützt oder inspiriert haben, die mir entweder Mut, Halt oder manchmal auch eine neue Perspektive gaben, die mir unbekannte Wege aufzeigten, die für mich da waren, bevor ich sie überhaupt kennenlernen konnte, die für michkämpften, die manchmal geduldig auf mich warteten oder mit mir an meiner Seite tanzten, feierten, stolperten oder gemeinsam mit mirauf die nächste Herausforderung zurannten, die mir ihre Geschichte erzählten oder sich Zeit für eine von meinen nahmen. Jeder einzelne Tag in meinem Leben ist von Frauen bestimmt. Von jenen, die ich um mich habe oder fühle, von jenen, mit denen ich vielleicht nur einen kurzen Moment teile, und auch von jenen, die ich noch gar nicht kennen kann.

Ihr alle seid dieses Buch, ihr alle seid die Kapitel darin, ihr seid meine Worte, ihr seid manchmal zwischen den Zeilen und manchmal seid ihr die ganze Geschichte.

Danke an meine unglaubliche Lektorin Katharina, die dieses Buch niemals aufgegeben und möglich gemacht hat. Danke für deine Geduld, für deine Zeit, für deine Anmerkungen und Gedanken und für deinen unerschütterlichen Glauben daran, dass dieses Buch nicht nur gut, sondern irgendwann auch fertig wird.

Danke Magdalena, *for being the Helga to my Marianne, that's basically saying it all, no?* Du bist mein Zuhause, mein ganzer Kontinent.

Danke Franzi, fürs Zuhören, für so viele kluge und starke Worte, so viel Pasta und so viel Sand in meinem Leben.

Danke Mama, Omi, Ines – dafür, dass ich mit drei so starken und unabhängigen Frauen aufwachsen durfte. Ohne euch wären meine Träume niemals möglich gewesen.

Danke Norli, Elena, Julia und Caro – dafür, dass ich immer einen Platz bei euch habe, danke für eure Geduld (nicht nur, während ich dieses Buch gefühlt drei Jahre lang täglich schrieb), danke für eure Freundschaft, für all die Voice Notes und genauso für all die stillen Momente, in denen ich euch trotzdem immer hinter und bei mir wissen darf.

Thank you Esbie, thank you Alexia – when I met this guy, I did not know how much the women behind him would also one day mean to me. I love you lots.

Thank you Nandels, you are the strongest and still gentle and loving woman I know, you don't just see others, you dare to see yourself and I am so proud calling you my friend.

Thank you Cammi, thank you Charlotte, thank you Ruth, thank you Clara, thank you Bianca, thank you Cleo, Maria and Tash, I adore getting to know you fierce women.